Z 1592
A 2098 ?

à pelu département

Z 1592
A.
Reserve

2555

Risoul

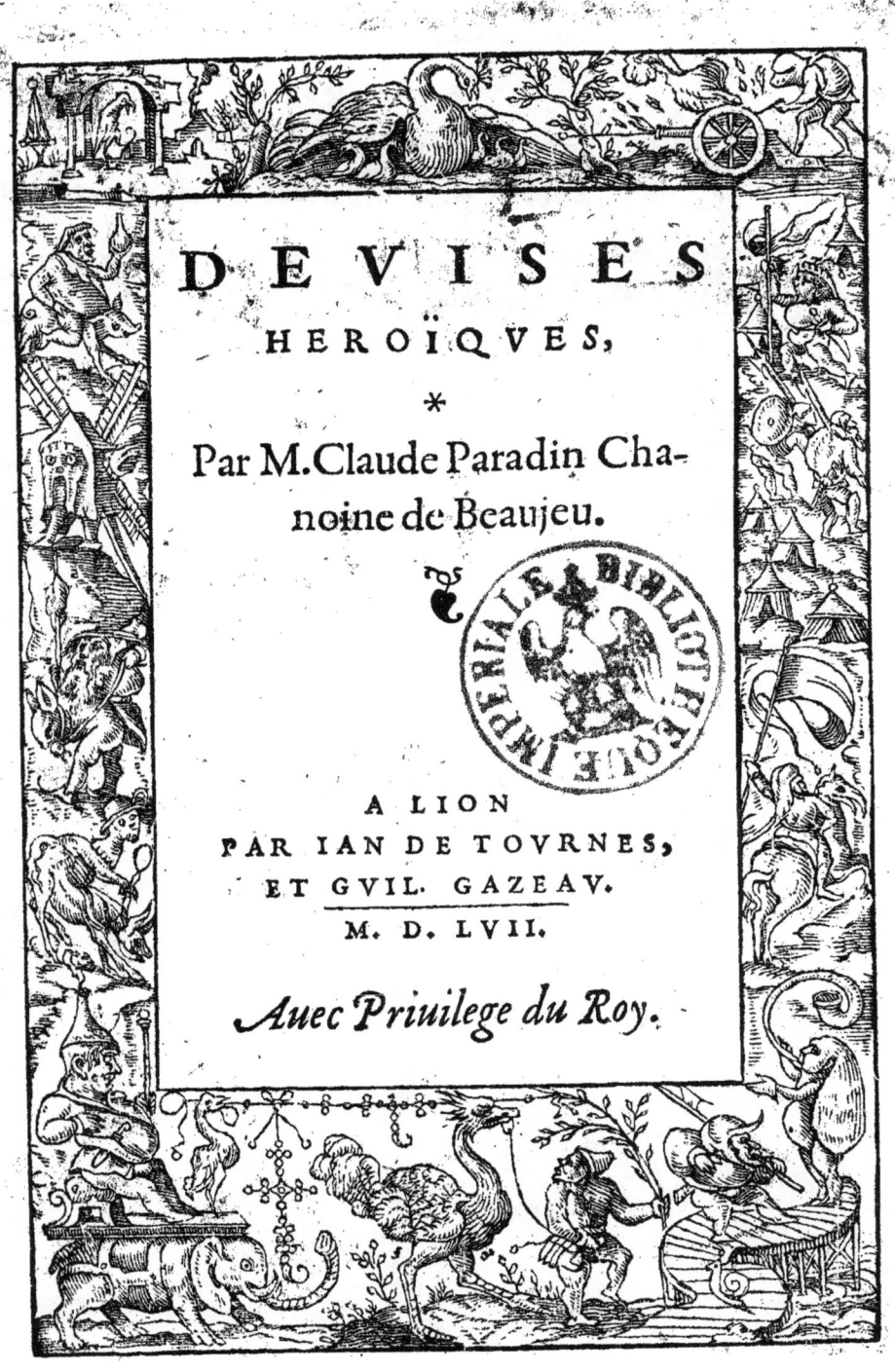

DEVISES
HEROÏQVES,

*

Par M. Claude Paradin Chanoine de Beaujeu.

A LION
PAR IAN DE TOVRNES,
ET GVIL. GAZEAV.
M. D. LVII.

Auec Priuilege du Roy.

Los doan

S'il aduenoy par aduanture que so
Luces ~~en fut~~ perdu o quelquo
~~...~~

A tresnoble Signeur, Monsieur
THEODE DE MARZÉ
Cheualier, Baron & Signeur dudit lieu, de Belle roche, Lassenaz, &c. Claude Paradin, Salut.

OVTRE le grand plaisir & recreacion, que la diuersité de Peinture donne à l'homme, le souuerein bien qu'il en peut receuoir n'est pas de petit estime: attendu mesmes, q̃ par le moyen d'icelle, se peuuent beaucoup plus facilement supporter les tresgrieues & quasi intollerables passiõs tant du corps que de l'esprit. Ce que les Nobles Antiques n'ont jamais eu en mespris : & principalement les grans Rois, Princes, & Potentaz: lesquelz ayans de tout tems, en leurs sublimes esprits, les Ombres ou Idees de Vertu : ont tant fait s'aydans de cette Peinture, que ja soit que

a 2 icelles

icelles Idees fussent passageres, & merueilleusement mobiles: ce neanmoins les y ont si bien retenues & arrestees, que perpetuellement en ont eu l'heureuse amour & connoissance. Le moyen d'y entendre fut, que chacun d'eux selon la particuliere affeccion qu'il auoit en son Idee, vint à figurer certeine chose, que icelle Idee representoit, quoy que ce fut par sa forme, nature, complexion, ou autrement. Telles figures ainsi inuentees, ils apellarent leurs Deuises, combien que le commun par ignorance, les apelle tousjours Armoiries, jusques aujourdhui: pour autant qu'ils les peingnoient en leurs Armes: asauoir en leurs Escuz, Targes, Pauois, & Boucliers. Prenans plaisir à en decorer la chose, en laquelle estoit posee leur totale esperance & dernier refuge: & ou aussi estans en guerre, auec apprehension de mort, desiroient porter telles Deuises deuant leurs yeus, comme se promettans viure & mourir, en l'obget du moniment, & vraye memoire de Vertu. Ainsi donq, tant louable chose prenant trait, de peu à peu, y ont esté ajoutez aucuns mots à propos, seruans à l'intelligence pour gens lettrez, qui ensemble les Deuises se sont continuez par nobles personnages, jusques au tems present, auquel
euidem

euidemment se peut voir, tant par les superbes & somptueus edifices, que par les Cours manifiques des Rois & grans Princes, qui de telles Deuises sont toutes enrichies, & marquetees, que cette feruente amour & memoire de Vertu, n'y est en rien diminuee: mais bien augmentee, d'autant plus que les actes & indice d'icelle, y sont montrez tous apparens. Considerant donq ces choses, comme emerueillé de l'effet de cette Peinture : ay employé quelque peu de tems, à mettre un petit nombre desdites Deuises par memoire : à sauoir d'aucunes jadis portees par les Antiques, autres par les souuereins Princes, Prelats, & grans Signeurs modernes, & le reste tiré en partie des histoires & gestes memorables tant des uns que des autres. Desquelles comme l'Egipcien s'aydoit à exprimer son intencion, par ses lettres Hieroglifiques: quasi par mesme moyen, se pourra ayder le vulgaire à connoitre & aymer la Vertu, joint que dauantage y pourra voir certeines petites Scholies sus icelles : selon la capacité de leur conjecture. Et pour autant (Monsieur) que votre tresnoble Signeurie, & excellent Esprit en bon sauoir (suiuant le naturel de voz anceftres) tousjours se recree, & prend plaisir à toutes &

a 3 chacun

chacunes choses, ou Vertu se peut contempler:
me suis ingeré, vous presenter ce petit paquet
de Tapisserie d'icelles Deuises: qui sera gage de
l'affeccion & bonne volonté, que j'ay de vous
faire seruice, esperant que n'y aurez moin
dre plaisir, qu'auez de desir, que la
Vertu soit reueree, & exal-
tee. A Beaujeu ce quin-
zieme Ianuier
1556.

Nullis præsentior æther.

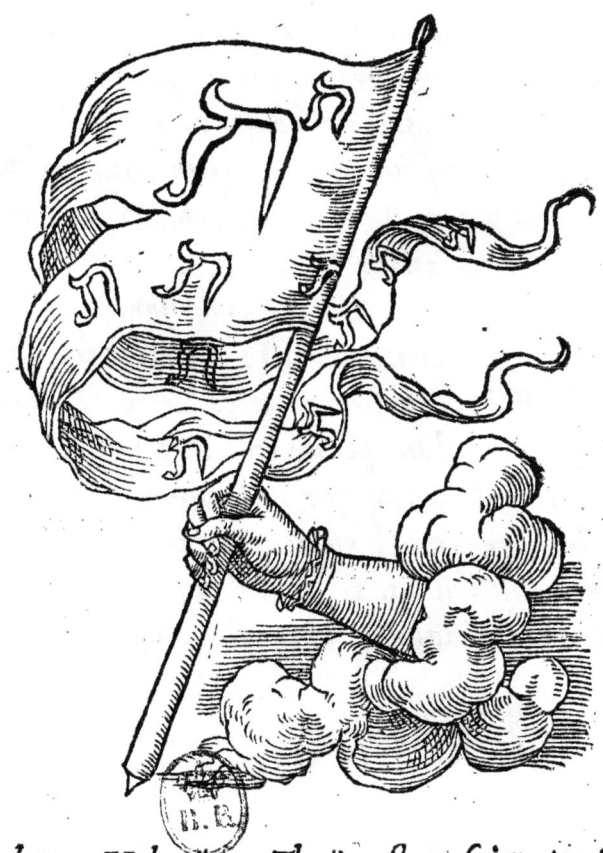

La lettre Hebraïque Thaü, est un saint & salu- — S. Ierome.
tifere sine, & de Croix, selon saint Ierome sur saint — Ezechiel 9.
Marc. De tel sine iadis Ezechiel en esprit profetique
vid merquer par l'Ange les fideles au front, reconnuz
a 4 tristes

tristes en leurs cœurs des abhominacions commises en Ierusalem, au moyen dequoy furent sauuez entre les mauuais : lesquelz par sentence diuine furent soudeinement occis. Dauantage sinifie cette lettre Thaü Consommacion, & pour autant est finale de l'Alphabet des Ebrieus, cloant & consommant icelui. Chose qui n'est iamais ainsi auenue sans grand mistere, vû que notre Redempteur estant mis en Croix, v.nt à proferer ces derniers mots auant la mort, CONSVMMATVM EST, manifestant par iceus la consommacion de toutes profecies & escritures, estre auenue à celle heure esleué qu'il estoit sur le sine de cette lettre. Laquelle quant à sa forme, estant peinte en lettre versale, represente mieus sine de Croix que autrement, & la peingnent tant les Grecs que les Latins, en propre forme de Croix iusques auiourdhui. Telle est donques la vraye enseigne ou estandart, des militans en l'Eglise Chretienne.

Manet insontem grauis exitus.

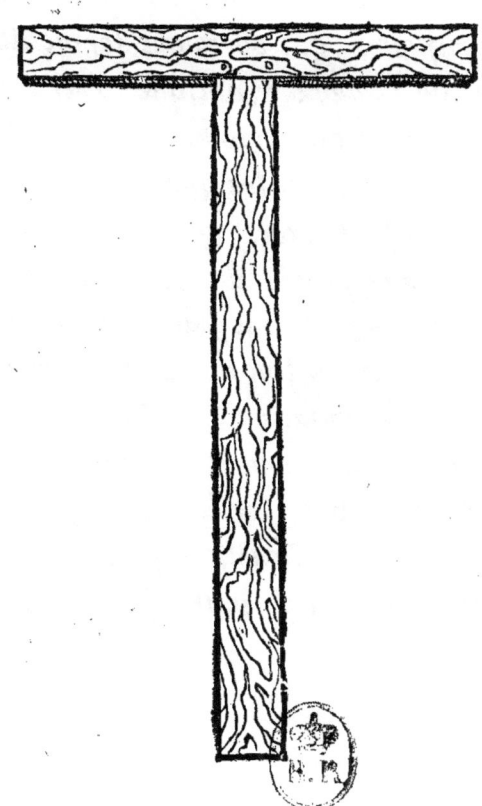

Orus Apollo dit, que les Egipciens entre leurs lettres Orus Apollo.
Hieroglifiques, pour finifier la vie future, peingnoient
ce fine de deux lignes, à fauoir l'une perpendiculaire,
fous l'autre diametrale: & de telle chofe ne fauoient
rendre autre raifon, fors que c'eſtoit une certeine fini-
ficacion de diuin miſtere. Tant y ha que tel caractere,
eſtoit

estoit figuré aussi en la poitrine de leur *Dieu Serapis*, au sacraire duquel quand l'Empereur *Theodose* fit raser les temples des Grecs, *Suidas* escrit qu'il y auoit des lettres Hieroglifiques, qui portoient forme de Croix. *Isidore* recite aussi, que les Antiques pour remerquer en leurs escrits, ou noter le nombre des sauuez ou des occis en guerre : peingnoiët les mots à telle lettre ☉ (comme ayant le dard à trauers) & les eschapez à cette cy T. Et encores à ce propos dit *Asconius Pedianus*, que iadis au fort des iugemens il y auoit des merques de trois lettres, à sauoir ☉ en sine de condannacion, T d'absolucion, & Λ d'ampliacion. Or est donques ce sine de T salutifere, ainsi que demontroit aussi *Moïse*, priant & estendant les bras sur la montaigne, pendant laquelle extension, les Israëlites suppeditoient leurs ennemis, & au contraire les abaissant estoient repoussez des auersaires.

(marginalia : Suidas. — Isidore. — Asconius Pedianus. — Exode 17.)

Secum feret omina mortis.

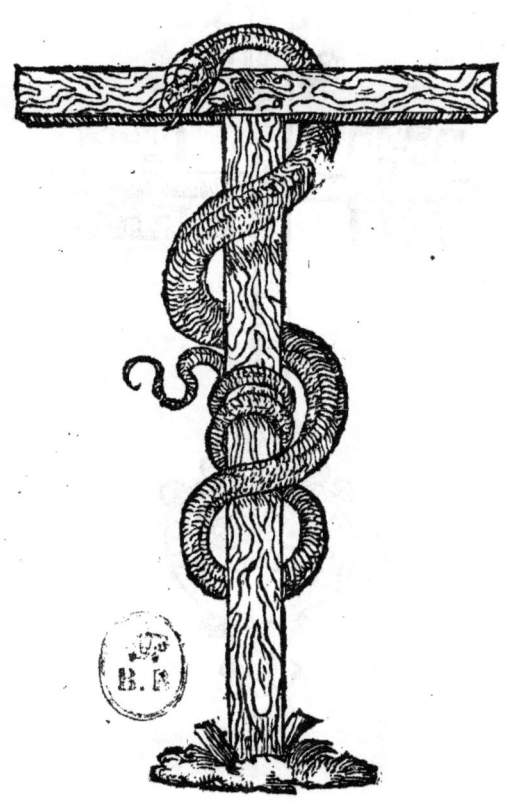

Le serpent de bronze esleué es deserts par Moïse, Nomb. 21. (duquel le sine guerissoit les spectateurs, estans en danger de mort par morsures de serpens enflammez,) presiguroit auec la Croix de Iesuchrist, aussi notre salut & redempcion.

Hîc ratio tentandi aditus.

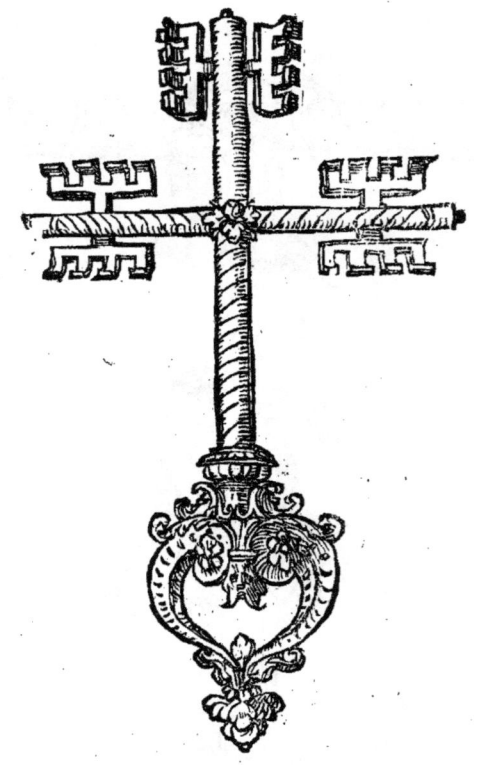

Esaye. La Clef de laquelle Esaye escrit en cette sorte. Et dabo Clauem domus Dauid super humerum eius, & aperiet, & non erit qui claudat, & claudet, & non erit qui aperiat. Desine aussi la Croix de Iesuchrist.

Pignora cara sui.

De la Croix du Sauueur du monde, & mistere du saint Sacrement de l'autel ha profetizé Ieremie parlant en voix inique des Iuifs, disant : Mittamus lignum in Panem eius.   Ieremie 11.

Animis illabere nostris.

Actes 2.
Le mauuais Esprit de sa nature flate & aplaudit d'arriuee, puis contriste, espouuente, & rend les humeins estonnez: mais au contraire le saint Esprit dous & benin, les espouuente à sa venue, & apres les assure, resiouit, & laisse tous consolez, ainsi que furent les saints Apotres au iour de Pentecote, qu'il descendit sus eus en forme de langues de feu.

HEROÏQVES.

Fortuna fidem mutata nouauit.

Sur le point que Childeric quatrieme Roy de France, fut contreint d'abãdonner son Royaume, par son infame lubricité: Guimeus sien fidele ami lui conseillant de se sauuer en Thuringe pendãt qu'il feroit deuoir de moyenner son apointement brisa une piece d'or en deus, & lui en donna la moitié, à fin que par la conference d'icelle auec l'autre (laquelle venant l'ocasion il lui promettoit d'enuoyer) il fut certein de retourner en assurance & de tout parfait apointenent. Chose qui auint depuis, car tant pratiqua ledit Guimeus, qu'un Gillon citoyen Rommein se portant alors Roy des François, fut finablement dechassé, & Childeric remis en son siege.

Paul. Emil.

Nutrisco & extinguo.

La Salemandre auec des flammes de feu, estoit la Deuise du feu noble & manifique Roy François, & aussi au parauant de Charles Conte d'Angoulesme son pere. Pline dit que telle beste par sa froidure esteint le feu comme glace, autres disent qu'elle peut viure en icelui : & la commune voix qu'elle s'en paist. Tant y ha qu'il me souuient auoir vû une Medaille en bronze, dudit feu Roy, peint en ieune adolescent, au reuers de laquelle estoit cette Deuise de la Salemãdre enflammee, auec ce mot Italien : Nudrisco il buono, & spengo il reo. Et dauantage outre tant de lieus & Palais

lais Royaus, ou pour le iourdhui elle est enleuee, ie l'ay vuë aussi en riche tapisserie à Fonteinebleau, acompagnee de tel Distique:

Vrsus atrox, Aquilæq; leues, & tortilis Anguis:
　　Cesserunt flammæ iam Salamandra tuæ.

Monstrant Regibus astra viam.

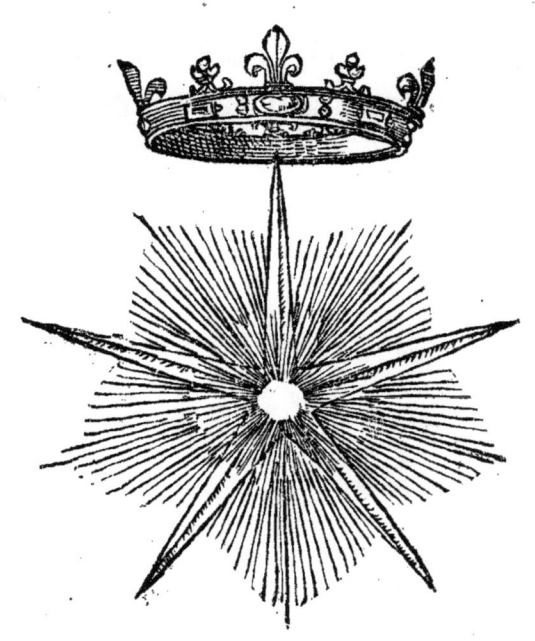

Froissart. *La confraternité de l'Ordre de l'Estoile, en la noble maison de saint Ouen lez Paris fut publiee & celebree par le Roy Ian de France lan 1351. Et portoit un chacun des Cheualiers dudit Ordre une Estoile au chaperon, & aussi au lieu plus aparent du manteau. Telle celebrité d'Estoile pouuoit estre possible en commemoracion de celle celeste, qui guida les Rois d'Orient iusques au lieu de la naissance du fils de Dieu notre Sauueur, de laquelle*

laquelle pourroit auoir escrit Virgile (ce neanmoins l'atribuant à la natiuité du fils de Polio) disant:

Ecce Dionei processit Cæsaris astrum: Virgil.
Astrum, quo segetes gauderent frugibus: & quo
Duceret apricis in collibus vua colorem.

Donec totum impleat orbem.

La Deuise à present du Treschretien & victorieux Roy Henri 11. de ce nom, est la Lune en son croissant: Es sacrees escritures donques la Lune prefigure l'Eglise, quasi en tous passages, à quoy se conforme l'histoire recitee par Paul Emil du Pape Calixte 11. (parauant apellé Guy, fils de Guillaume Conte de Bourgongne,) lequel la nuit precedent sa creacion, eut vision d'un ieune enfant qui lui aporta & mit une Lune sur le giron. La Lune aussi est sugette à mutacions, croissant & decroissant de tems en tems: ainsi veritablement est l'Eglise

Paul Emil.

l'Eglife militante, laquelle ne peut demourer long tems en un eftat, que meintenant ne foit foutenue & defendue des Princes catholiques, & tantot perfecutee des tirans & heretiques : au moyen dequoy eft en perpetuel combat, auquel neanmoins la Royale Magefté, ou Roy premier fils de l'Eglife promet de tenir main de proteccion, iufques à ce que reduite fous un Dieu, un Roy, & une Loy, aparoiffe la plenitude & rotondité de fa bergerie, regie par le feul Pafteur.

Immensi tremor Oceani.

Louis X I. *de ce nom, Roy de France, institua l'Ordre saint Michel, l'an* 1469. *auquel il ordonna pour enseigne & Deuise, à sauoir un Colier d'or, fait à Coquilles lacees l'une à l'autre d'un double lacs, assizes sur Cheinettes, ou maille d'or, au milieu duquel sus un Roc auroit une image d'or de saint Michel, reuenant sur le deuant. Et ce fit il (quant à l'Archange) en imitacion du Roy Charles* V I I. *son pere: qui en portoit desia l'image*

Eng. de Monstrelet.

mage en son enseigne, mesmes en son entree de Rouen. A raison toutefois (comme lon dit) de l'aparicion saint Michel sur le pont d'Orleans defendant la vile contre les Anglois en un furieus assaut. Ce Colier donq de l'Ordre Royal, & Deuise des Cheualiers d'icelui, est le sine & vraye enseigne de leur noblesse, vertu, concorde, fidelité, & amitié. Gage, loyer, & remuneracion de leur vaillance, & prouesse. Par la richesse & purité de l'or duquel, est remerquee leur hautesse & grandeur, par la similitude ou semblance de ses Coquilles, leur equalité, ou egale fraternité d'Ordre, (en ensuiuant les Senateurs Rommeins, qui portoient aussi des Coquilles es bras pour enseigne, ou Deuise,) par la double laçure d'icelles ensemble, leur inuincible & indissoluble union, & par l'image saint Michel, victoire du plus dangereus ennemi. Deuise donques instituee au soulas, proteccion, & assurance de ce tant noble Royaume: & au contraire, à la terreur, espouuantement & confusion des ennemis d'icelui. Et pour laquelle Deuise porter, fut arresté par le Roy instituteur, que le nombre dudit Ordre seroit acompli de trentesix Cheualiers: desquelz il seroit le Chef. Dont il en nomma quinze sur l'heure, cy dessous pour la memoire mencionnez, à cause d'auoir esté les premiers.   Premierement,

Le Duc Charles de Guienne.
Le Duc Ian de Bourbonnois & d'Auuergne.

Es faits de la Pucelle.

Marc Aurel.

Louis

Louïs de Luxembourg, Conte de saint Paul, Connestable de France.
André de Laual, Signeur de Loheac, Mareschal de France.
Ian Conte de Sanserre, Signeur de Bueil.
Louïs de Beaumont, Signeur de la Forest & du Plessis.
Louïs Destouteuile, Signeur de Torcy.
Louïs de Laual, Signeur de Chatillon.
Louïs batard de Bourbon, Conte de Rossillon, Amiral de France.
Antoine de Chabannes, Conte de Dammartin, Grand maitre d'hostel de France.
Ian batard d'Armignac, Conte de Cominges, Mareschal de France, gouuerneur du Dauphiné.
George de la Trimoille, Signeur de Craon.
Gilbert de Chabannes, Signeur de Curton, Seneschal de Guienne.
Charles Signeur de Crussol, Seneschal de Poitou.
Tannegui du Chastel, gouuerneur des païs de Rossillon, & de Sardaine.

Vltus auos Troiæ.

Louïs XII. de ce nom, Roy de France, comme Duc hereditaire d'Orleans, & par consequẽt Conte de Blois, auoit pour Deuise le Porc Espic: beste de laquelle la vile de Blois susdite fait d'ãcieneté, ensemble du Loup, ses armoiries : ainsi que i'ay vù sur le lieu, en plusieurs pierres & portaus. C'est une beste donques que ce Porc Espic, si bien armee de nature, qu'elle se defend Pline de ceus qui l'irritent, & sur tout des Chiens : en leur gettant contre ses aguillons, ou pointes: aussi vite que si c'estoient des flesches. Et pour plus amplement decla-

b 5   rer

rer la sinificacion de cette Deuise, il y ha en la susdite vile de Blois une bonne maison, au deuant de laquelle sous un Porc Espic enleué en pierre, est aussi graué tel Distique:

Spicula sunt humili pax hæc, sed bella superbo:
   Et salus ex nostro vulnere, nexq; venit.

HEROIQVES.

Non sine causa.

En toute aministracion & gouuernement de Peuples, païs, terres, & citez, il est necessaire sur toute chose que Iustice y regne: autrement n'y estant aministree, & ne regnant icelle entre les hommes, c'est un point asseuré, qu'il est force, que toute humeine societé vienne à perir & prendre fin. A cette cause donques,

la

la superiorité & puissance, & generalement tout Magistrat, tenant la Main, & Glaiue de Iustice en Main Royale, doit estre d'un chacun obeï & honnoré : comme estant enuoyé de Dieu, & par lui establi ainsi, pour estre apui, proteccion, & defense des bons : & aussi terreur, creinte & punicion des meschans & peruers.

AusRom. 13. Et ce suiuant le conseil de l'Apotre, disant : Ne voulons nous donq point creindre ou auoir peur de la Iustice & puissance? Il ne nous faut que bien faire: & ainsi en lieu de creinte, nous receurons louenge d'icelle, car elle est seruante de Dieu pour notre bien. Mais aussi si nous faisons mal, creingnons la : Car elle ne porte pas Glaiue sans cause: en tant qu'elle est seruäte de Dieu, pour faire Iustice en ire ou vengeance, de celui qui fait mal. Et pourtant, il faut estre suget : non point seulement pour l'ire, mais aussi pour la conscience. Pour cette cause aussi payez vous les tributs : car ils sont les ministres de Dieu, s'employans à cela, (à sauoir les Princes & Magistrat). Rendez donq à tous ce qui leur est dû : à qui tribut, le tribut : à qui peage, le peage : à qui creinte, la creinte : à qui honneur, l'honneur.

Plus outre.

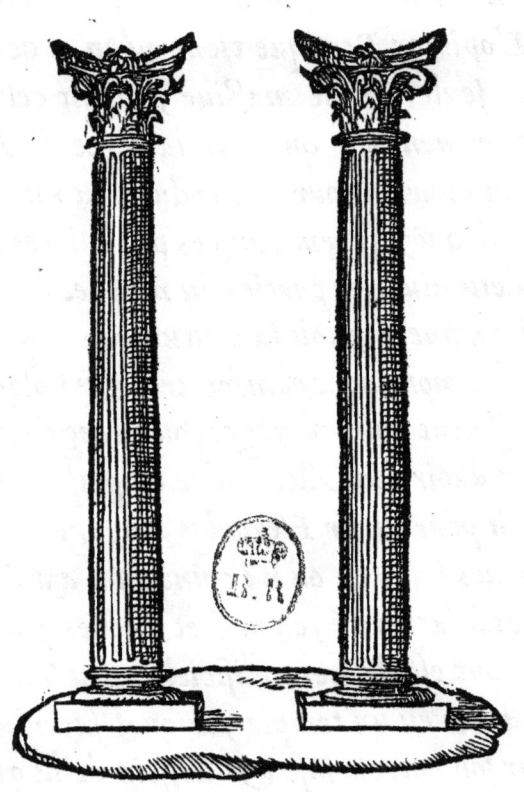

Charles v. de ce nom, Empereur de l'Empire Rommein, auiourdhui fait sa Deuise de deus Colonnes, que l'antiquité ha nommé, les deus Colonnes d'Hercules. Qui sont deus eminentes montaignes, ou promontoires, distantes l'une de l'autre d'enuiron sept cens pas. L'une en Mauritanie, du coté d'Afrique, nommee Abila, l'autre
au

au Royaume de Grenade de la part d'Espagne, nommee Calpé. Et entre lesquelles est une embouchure de mer qu'on dit le destroit de Gibraltar, ou destroit de Seuille. L'opinion Poëtique tient qu'en ce destroit, iadis estoit une seule Roche massiue, cloant celle entree de mer entierement & que par la force de Hercules ce passage fut ouuert : pour y introduire la mer Oceane. En memoire dequoy furent erigees par lui ces deus Colonnes : en deus diuerses parties du monde. Et pour autant que anciennement estoit la coutume des grans Princes, d'eriger des monimens comme arcs, & Colonnes es lieus ou ils finissoient leurs voyages, ou peregrinacions (comme lon lit auoir fait Alexandre en plusieurs lieus d'Asie) : aussi pour auoir Hercules voyagé iusques au lieu des Colonnes susdites on ha opiné qu'il ayt dressé icelles. Lesquelles à la verité, on ne scet si elles sont naturelles, ou si elles ont esté leuees artificiellement. Tant y ha qu'il conste y auoir eu un temple, auquel sacrifia Hannibal, estant sur son entreprinse & dessein de la guerre d'Italie, là ou aussi estoient deus Colonnes de bronze, de la hauteur chacune de huit coudees : montrans l'excellence de l'edifice, & estoit ce lieu (selon l'auis de plusieurs) la fin du monde. Outre lequel lieu il n'est memoire que aucun ayt nauigé, iusques au regne de Charles Empereur moderne : que ses sugets d'Espagne ont descouuert plusieurs isles & terres habitables, pareillemēt les Portugalois

tugalois, qui ont fait de grandes conquestes, tant en Leuant qu'en Ponant. Pour lesquelles prouesses & dilatacion de limites temoigner, ledit Signeur Empereur porte en sa Deuise les susdites Colonnes : auec espoir (comme il dit) de pousser auant, & conquester encores Plus outre.

DEVISES

Imperium sine fine dedi.

Suetone. *Auguste Cesar premier des humeins monarque de tout le monde, & paisible Empereur, nasquit sous le sine de Capricorne. A raison dequoy l'eut en telle estimacion depuis, qu'il fit batre de la monnoye en laquelle il estoit formé, tant il se confioit que ce sine de Capricorne lui auoit presagé son bon heur & felicité. De la monnoye susdite se trouue encores à present, tant d'or, que d'argent, en laquelle est imprimé le Capricorne, tenant es piez un monde ou boule ronde, & ayant à dos la Corne d'abondance, ou d'Amalthee qui est celle d'or. Et*

quant

quant à celle d'argent il y ha d'auantage un gouuernal ou auiron, tenant à la figure ſpherique du monde ſuſdit. Et ſont inſcrites & l'une & l'autre eſpece, AVGVSTVS.

DEVISES

Inextricabilis error.

Le monstre Sphinx, representant chose difficile, & de profonde intelligence fut la Deuise du susdit Auguste Cesar, au commencement de son Empire. Comme voulant sinifier par icelui, ne deuoir le secret, dessein, & intencion d'un Prince estre diuulgué aucunemẽt : considerant qu'il n'y ha pas les choses hautes, ores les saintes & diuines, qui ne perdent leur autorité quand elles sont par trop familieres & corractees entre la Populas-
Celius. se. Cause iadis qui mouuoit les Egipciens d'affiger ce Sphinx deuant leurs temples. Deux de ces monstres
Pline. Sphinx (comme dit Pline) auoit trouué au parauant ledit Auguste, entre les anneaus de sa mere, lesquelz se ressemb

HEROIQVES.

ressembloient si viuement, qu'on ne les pouuoit discerner. De l'un desquelz ses amis pendant les guerres ciuiles seelloiēt les edits, lettres, & despesches en son absence : selon que la disposicion du tems le requeroit. Ce que confirme Dion escriuant que icelui Auguste estant en Artie, Agrippa & Mecenas aministroient les afaires à Romme : lesquelz auoient puissance d'ouurir & voir les lettres qu'il enuoyoit au Senat auant tous autres. Et pour cette cause receurent un cachet de lui, pour cacheter, auquel estoit graué un Sphinx. Deuise toutefois (comme d'auantage dit Pline) qui ne fut sans moquerie & irrision, par les Enigmes que ce Sphinx aportoit : vû que telle chose donna ocasion au brocard, par lequel on disoit qu'il n'estoit pas de merueilles si le Sphinx proposoit des Enigmes. A raison dequoy Auguste (pour euiter telles moqueries, cessa de plus en signer, & signa un tems de l'image d'Alexandre le Grand, puis finablement de la sienne mesmes. De laquelle signarent aussi apres comme lui, Tibere, Caligule, Claude Cesar, Domician, & autres ses successeurs en l'Empire.

Dion.

Pline.

Suetone.

36 DEVISES

Securitas altera.

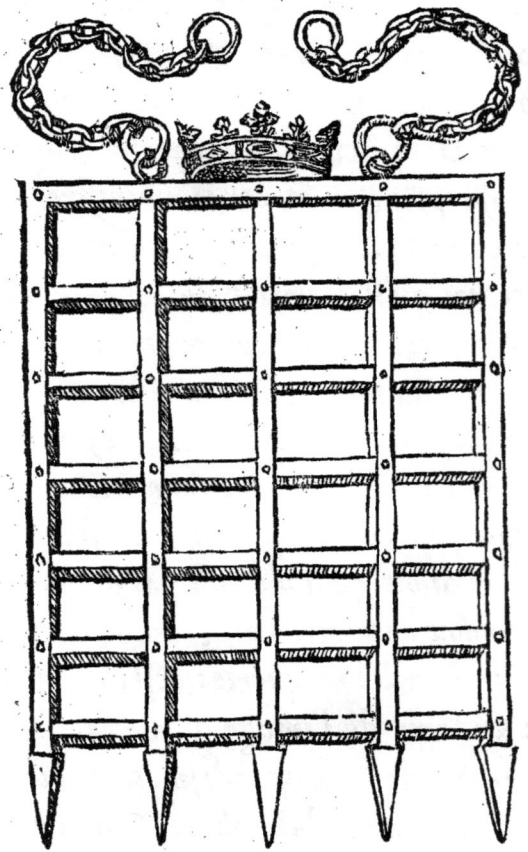

Le Roy Henri d'Angleterre VIII. de ce nom, auoit pour Deuise la Grille, ou Porte coulisse, que lon pend coutumieremēt derriere les portaus des Viles & forteresses. Iadis à Romme y auoit desia telle maniere de Portes coulisses, mencionnees par *Appian*, au moyen desquelles Sylla, du tems des guerres ciuiles, assura la cité, & se

Appian.

& se fit maitre d'icelle, en subiugant la faccion Carbonienne, qui se cuidant getter dedens par la porte Colline, fut repoussee par la chute des Portes coulisses, q̃ les Syllains lascherent: lesquelles assommerent plusieurs Carboniens, & mesmes aucuns Senateurs. Ce fut donq un prompt recours en tel inconuenient: & de telle promptitude de recours, tous Princes se doiuent bien auiser.

Dederit'ne viam casus'ue Deus'ue.

Croniques de Lorreine.

Le moniment & enseigne de la Vertu, noblesse, & antiquité de la maison de Lorreine, sont les trois Alerions qui se trouuerent en la flesche de Godefroy de Buillon, au siege de Hierusalem: laquelle le noble Prince auoit tiré contre la Tour de Dauid. Presage (selon l'histoire) de sa future grandeur & autorité, & creacion en Roy dudit Hierusalem. Et pour d'icelui estre descendue la susdite maison de Lorreine icelle continue de porter l'image desdis trois Alerions en sa monnoye, iusques à present.

Fortitudo eius Rhodum tenuit.

L'ordre de l'Anonciade en la pacifique maison de Sauoye, fut inſtitué par le Conte Vert, Amé v. de ce nom. La Deuiſe duquel Ordre, il ordonna eſtre d'un Collier d'or à quatre lettres entrelacees de lacs d'amour auec l'image de la ſalutacion Angelique à la vierge Marie. Leſdites quatre lettres donques ſinifient le mot que deſſus, & ce pour perpetuer en ladite maiſon, les faits cheualeureus & proueſſes d'Amé, premier Conte de

Croniques de Sauoye.

de Sauoye, lequel voyageant outre mer contre les infideles, merita tant de la Religion de Rhodes, deuant Acre, que faisant l'ofice du Grandmaitre, lui fut requis de s'armoyer des armoiries de ladite Religion, & lui & ses successeurs au Conté de Sauoye, pour auoir sauué lesdis Cheualiers Chretiens, & tiré du peril de la tirannie des ennemis de la Foy. Le susdit Conte Vert donques instituteur de tel Ordre, en se nommant Chef d'icelui: y apella aussi quatorze Cheualiers nobles, & lui faisant le quinzieme, ausquelz il donna à chacun un Collier d'or à la Deuise susdite. Desquelz premiers Cheualiers pour la memoire les noms sont cy inserez, à sauoir:

Ledit Conte Vert.
Amé Conte de Geneue.
Antoine Signeur de Beauieu.
Hugues de Challon, Signeur d'Arlay.
Amé de Geneue.
Ian de Vienne Amiral de France.
Guillaume de Grandzon.
Guillaume de Chalamon.
Roland de Veyßy Bourbonnois.
Estienne batard de la Baume.
Gaspard de Monmeur.
Barle du Foras.
Thennard de Menthon.
Amé Bonnard.
Richard Musard Anglois.

Non inferiora sequutus.

La feuë Royne de Nauarre Marguerite de France, Princesse tresillustre: portoit la fleur du Souci en Deuise. Qui est la fleur ayant plus d'afinité auec le Soleil que point d'autre, tant en similitude de ses rayons, es fueilles de ladite fleur, que à raison de la compagnie qu'elle lui fait ordinairement, se tournant de toutes pars là ou il va: depuis Orient iusques en Occident, s'ouurant aussi ou cloant, selon sa hauteur, ou basseur. Et auoit telle Deuise la tant vertueuse Princesse, en sine qu'elle dirigeoit toutes ses actes, pensees, volontez, & afeccions, au grand Soleil de Iustice, qui est Dieu Tout-puissant contemplant les choses hautes, celestes, & spirituelles.

Ante ferit, quam flamma micet.

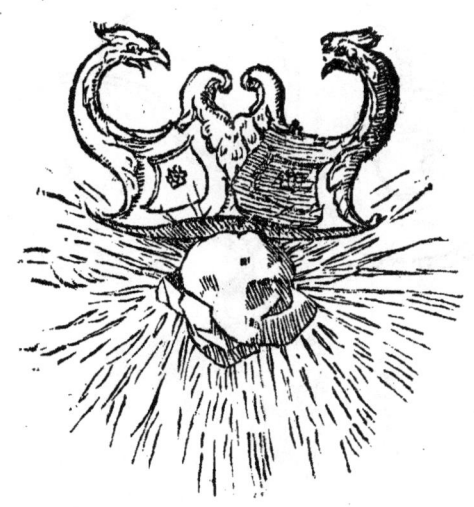

La Deuise du bon Duc Philippes de Bourgongne, estoit le Fuzil frappant la Pierre, & faisant feu, qui semble representer la guerre entre deus fors & puissans Princes, par laquelle souuent se minent, consument, ou ruinent l'un l'autre, outre le danger & dommage irreparable qui en sort, courant & volant de toutes pars.

44 DEVISES
Precium non vile laborum.

De Monstrelet.

L'ordre de la Toison d'or fut institué aussi par ledit bon Duc Philippes de Bourgongne l'an 1429. pour lequel il nomma vintquatre Cheualiers sans reproche non compris lui comme Chef & instituteur, & leur donna à un chacun pour enseigne dudit Ordre, un Colier d'or composé de sa Deuise du Fuzil auec la Toison d'or reuenant sur le deuant, & ce (comme l'on dit) en imitacion de celle que Iason conquit en Colchos prinse coutumierem mierement pour la Vertu, iadis tant aymee de ce bon Duc, qu'il merita ce surnom de Bonté, & autres louenges contenues en son Epitaphe, là ou est parlé de cest Ordre de la Toison en la personne du Duc disant:

Pour maintenir l'Eglise, qui est de Dieu maison,
I'ay mis sus le noble Ordre, qu'on nomme la
    Toison.

Les premiers Cheualiers dudit Ordre, furent ceus qui s'ensuiuent, à sauoir:
Le Duc, instituteur & Chef.
Guillaume de Vienne, Signeur de saint George.
René Pot, Signeur de la Roche.
Le Signeur de Rembaix.
Le Signeur de Montagu.
Roland de Huquerque.
Antoine de Vergy, Conte de Dammartin.
Dauid de Brimeu, Signeur de Ligni.
Hue de Launoy, Signeur de Santes.
Ian Signeur de Comines.
Antoine de Thoulongeon, Mareschal de Bourgongne.
Pierre de Luxembourg, Conte de Conuersan.
Ian de la Trimoille, Signeur de Ionuelle.
Ian de Luxembourg, Signeur de Beaureuoir.
Gilbert de Launoy, Signeur de Villerual.
Ian de Villiers, Signeur de L'isleadam.

Antoine

Antoine Signeur de Croy, & de Renty.
Florimont de Brimeu, Signeur de Maßincourt.
Robert, Signeur de Mamines.
Iaques de Brimeu, Signeur de Grigni.
Baudoin de Launoy, Signeur de Moulambaix.
Pierre de Baufremont, Signeur de Chargny.
Philippes, Signeur de Teruant.
Ian de Crequy.
Ian de Croy, Signeur de Tours sur Marne.
Et est à noter, quant à cette Toison une chose memorable, & (s'il est licite de dire) quasi fatale à la tant opulente maison de Bourgongne, c'est que Charles dernier Duc ayant legerement espousé la querelle du Conte de Rhomon, contre les Suisses (ausquelz apartenoient certeines charrettes de peaux de Mouton, desquelles il s'estoit saisi) s'en ensuiuit incontinent son infortune, & tantot apres sa ruïne, estant occis deuant Nancy. Et par ainsi sembleroit, que si par la Toison ladite maison de Bourgongne auoit esté manifiee & autorisee, par la Toison aussi ou peau de Mouton seroit esté ruïnee. Encores que la maison d'Austriche ayt releué cet Ordre de la Toison, auec la Deuise du Fuzil, que porte auiourdhui l'Empereur pour auoir l'Empereur Maximilian son Grand pere, espousé Marie de Bourgongne seule enfant du susdit Duc Charles.

Flammescit vterque.

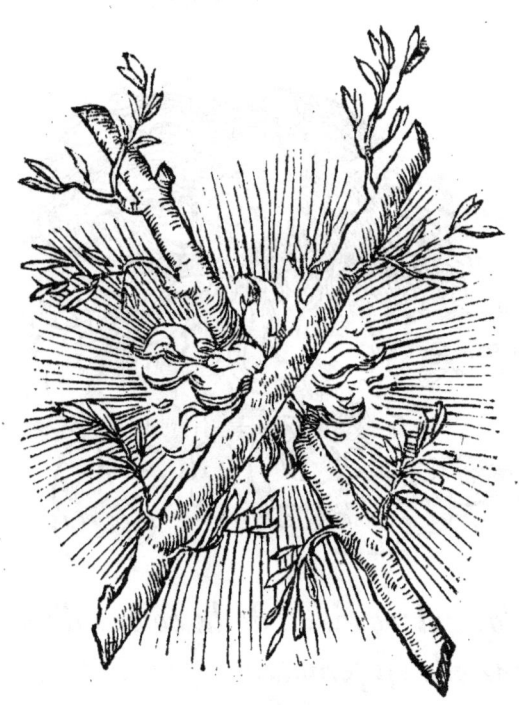

Deus batons ou branches de Laurier, frapees rudement l'une contre l'autre, font feu par leur concussion (comme dit Pline) ce que font aussi les os du Lion, selon plusieurs. Ainsi par le heurt de deus forces, ne peut auenir que danger. Le commun prouerbe suiuant aussi ce propos est veritable, que fort contre fort, n'est pas bon à faire doublure. Le pourtrait de cette Deuise, retire à la Croix saint André, de laquelle se remerquoit d'anciennceté la deuant nommee maison de Bourgongne, combien qu'il y ayt diference quant à leurs sinificacions.

Pline.

Zara à chi tocca.

Recule foy qui voudra, de la colere d'un Prince en courrous : car elle eſt ſemblable à un Pot ou vaſe à feu, lequel ne peut eſtre getté ſus une troupe, ſans endommager de toutes pars. Deuiſe que portoit iadis le Duc Ian de Bourbon, comme lon void encores en diuers lieux de Bourbonnois, & Vilefranche en Beauiolois.

Nil penna, sed vsus.

L'Autruche estendant ses esles & belles plumes, fait une grande montre de voler: ce neanmoins ne s'enleue point de terre. Et en ce, fait côme les Ypocrites, lesquelz par externe aparence, representent grande sainteté & religion: puis c'est tout, & n'y ha que la montre: car en dedens, tout est au contraire.   S. Gregoire.

DEVISES

Humentia siccis.

Le Tizon ardant au bout, & soutenant deus seaus d'eau, que portoit en Deuise Galeaz Visconte, deuzieme de ce nom, Duc de Milan, se pourroit comunement entendre de ceus que lon dit qui portent le feu & l'eau. Si feroit aussi (le prenant plus haut) des ardantes afeccions, auec lesquelles l'homme porte aussi (par diuine prouid prouidence) le moyen de les esteindre par la raison. La prouesse (particulierement) dudit Duc, est aussi demontree par cette Deuise, car lui ayant veincu au combat un certein Signeur Flamand, qui la portoit premierement, la tira à soy pour le Trofee de sa victoire.

Sola viuit in illo.

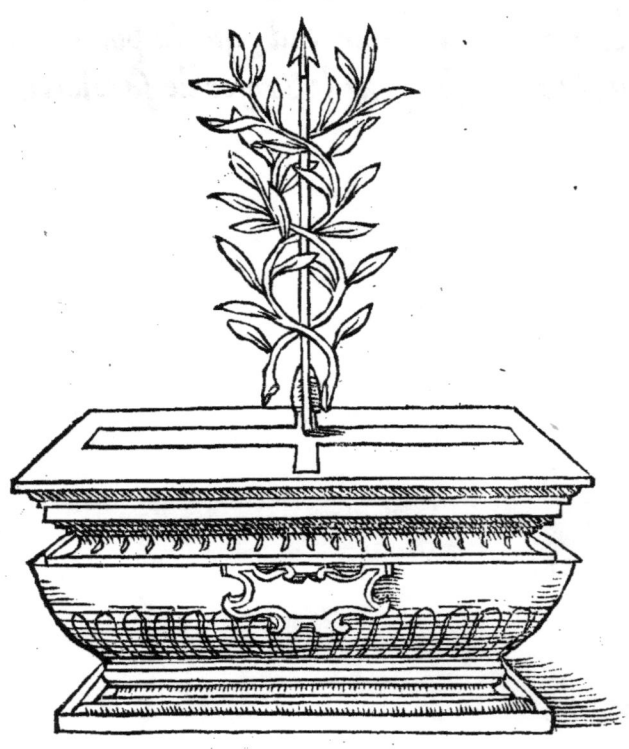

L'esperance que Madame Diane de Poitiers illustre Duchesse de Valentinois, ha de la resurreccion, & que son noble esprit contemplant les cieus, en cette vie paruiendra en l'autre apres la mort: est possible sinifié par sa Deuise, qui est d'un Sercueil ou tombeau, duquel sort un trait, acompagné de certeins syons verdoyans.

HEROÏQVES. 53

Restat ex victore Orientis.

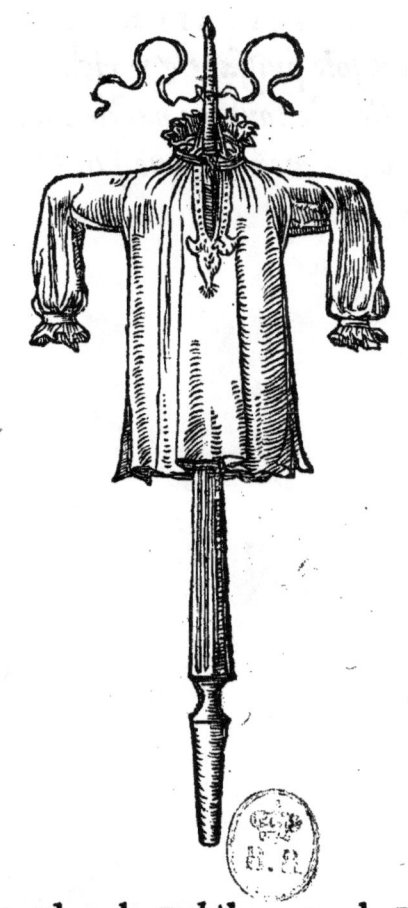

Salladin Soudan de Babilone & de Damas, & Roy Paul Emil.
d'Egipte, mourant en la Cité d'Ascalon (du tems de
Philippes Aug. Roy de France) ordonna que incontinent
apres son trespas, sa Chemise fust portee sus une Lance,
à trauers ladite Cité d'Ascalon par son grand Escuier,
d 3   faisant

faisant tel cri à haute voix: LE ROY DE TOVT ORIENT EST MORT, ET N'EMPORTE NON PLVS DE TOVS SES BIENS. Auertissement à tout homme, tant soit puissant & riche, qu'il lui conuient soy despouiller de tout, au pas de mort, & s'en aller aussi nù hors de ce monde, que fait le plus indigent, ou le plus poure.

Autor ego audendi.

L'eſpee verſatile & flamboyāte, que portoit en Deuiſe Charles Cardinal de Bourbon, ſous le titre de ſaint Martin, repreſentoit le vray Glaiue des Prelats de l'Egliſe, & Glaiue de l'Eſprit, (ſelon ſaint Paul) qui Aus Epheſ. 6 eſt la parole de Dieu.

Non quæ super terram.

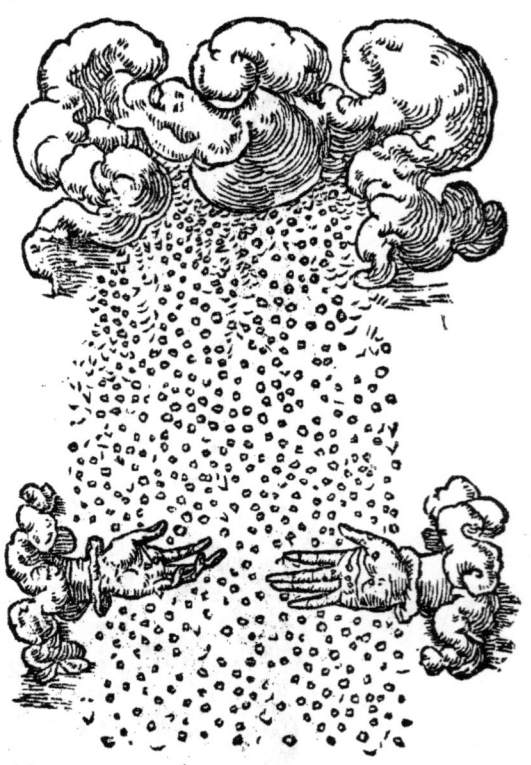

La nourriture & aliment de l'Esprit, est le Pain celeste, ou saint Sacremēt de l'Autel, designé par la Manne tombant des cieux aus Israëlites, Mistere porté auiourdhui en Deuise, par M. le R. Cardinal de Tournon.

Exode 16.

Ab insomni non custodita Dracone.

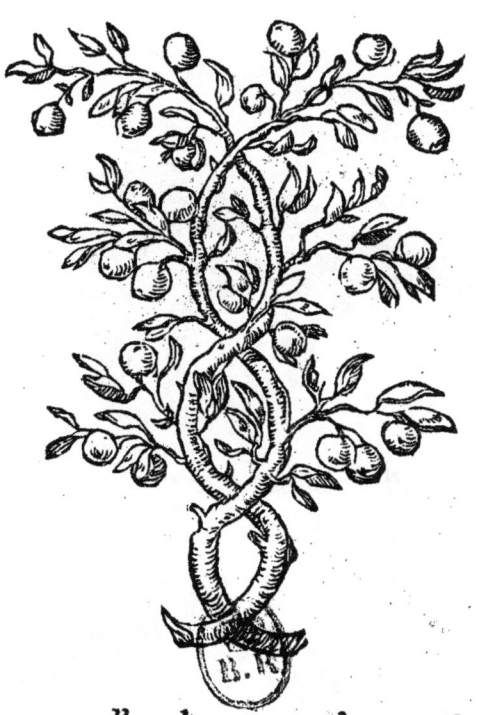

Les Pommes d'or du verger des Hesperides, (lesquelles communement sont prinses pour la Vertu) furent emportees par Hercules: nonobstant qu'elles fussent curieusement gardees par le Dragon vigilant. Deuise de M. le R. Cardinal de Ferrare.

Non quàm diu, sed quàm benè.

Le Couteau Philosophal, que plusieurs tiennent auoir esté forgé par saint Thomas d'Aquin (de bien longue-main, & auec merueilleuse obseruacion des Astres) se trouua si bien syderé, que par icelui fut coupee une Enclume à trauers, ainsi que lon dit. A raison dequoy si-nifie la Deuise de tel Couteau, qu'il ne se faut arrester au long tems que lon employe pour bien faire une chose, mais que seulement elle soit bien faite. Car comme disoit Suetone. Auguste Cesar, Sat citò, si sat benè.

HEROÏQVES.

Quà proceres abiere pij.

Comme le profete Helie fut esleué & porté es cieus, sus un Chariot de feu, en corps & ame: ainsi l'esprit de sainte personne en ce mōde, est esleué & monté en haut par un bon & ardant desir: au moyen duquel il se recree en la contemplacion des celestes beautez, & excellences diuines. A quoy conuient ce que touche Ouide de Pythagoras, disant:

4. des Rois chap. 2.

Ouide.

Mente Deos adiit, & que natura negarat
   Visibus humanis, oculis ea pectoris hausit.

Hoc latio restare canunt.

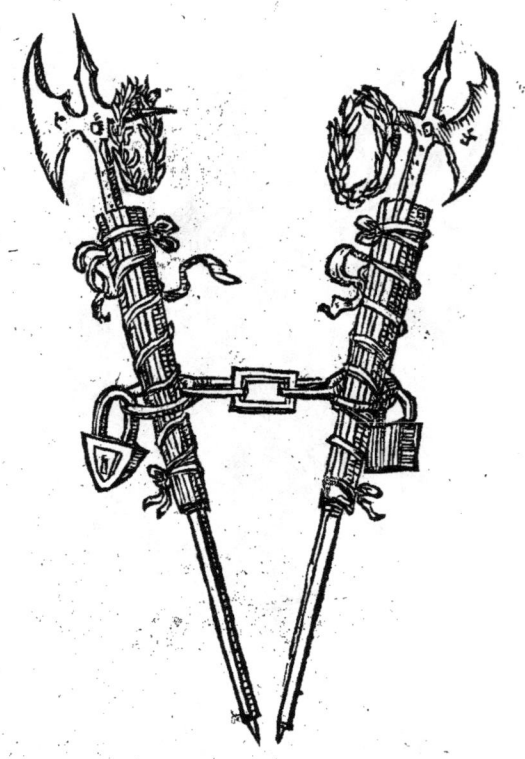

Pline. Par les Haches, & Verges atachees à icelles, ensemble des Laurees, que l'on portoit d'antiquité deuant les Consuls Rommeins est assez representee la puissance, domination & autorité que iadis souloit auoir la triomfante Italie sur tout le monde. Par le moyen neanmoins de concorde, police, & amour de Republique. Mais aussi par

par les boucles & cadenaz esquelz sont enferrees lesdites Haches, est demontree la seruitute et captiuité en laquelle le susdit païs est tombé miserablement, auiourdhui, à cause (pour vray) de ses diuisions, faccions, & parcialitez.

Arbitrij mihi iura mei.

Methodius.   Les antiques Alains, Bourguignons, & Sueues, portoient le Chat (selon Methodius) en enseigne: beste que lon connoit assez impaciente de prison, à cause dequoy pouuoit estre en signe, & representacion de Liberté.

Mihi terra, lacusq;.

Mecenas sous l'Empereur Auguste, estoit en tres-grande autorité, de maniere qu'il auoit toute puissance & gouuernement, tant par mer que par terre. Ocasion possible qui lui faisoit porter la Grenouille en sa Deuise, si autrement ne la portoit en sine de celles de Syriphie, qui ne crient iamais, comme dit Pline : car ainsi se pourroit remerquer Secret, ou taciturnité : laquelle estoit tant familiere dudit Mecenas, que pour cette cause le reueroit grandement Auguste, ayant aussi en grande admiracion, la hayne qu'il portoit à l'enuieuse raillerie.

Dion.

Pline.

Eutrop.

ΦΩ͂Σ ΦΈΡΟΙ ἨΔΕ ΓΑΛΉΝΗΝ.

Madame Catherine, treschretienne Royne de France, ha pour Deuise l'Arc celeste, ou Arc en ciel: qui est le vray sine de clere serenité, & tranquilité de Paix.

HEROÏQVES.

Vltorem vlciscitur vltor.

Si Charles VI. de ce nom Roy de France, fut par trop Froiſſart. aſectionné, à venger la querelle d'Oliuier de Cliſſon ſon Conneſtable, contre Pierre de Craon, auſſi ne lui en print il pas bien: (ainſi qu'il auient ſouuent de trop grande auidité de vengeance, & de faire ſon propre de querelle d'autrui). Car ſe mettant es chams à groſſe puiſſance, e tirant

tirant en Bretaigne contre le Duc (adonq chargé d'auoir retiré ledit de Craon) auint qu'en la forest du Mans, un certein poure homme inconnu se getta entre deus arbres, & arrestant tout court le Roy, tenant son cheual par les resnes, lui dit tout haut telles paroles, Roy ne cheuauches plus auant, mais retournes : car tu es trahi. Chose qui estonna merueilleusement le Roy, de sorte qu'il mua & fremit tout de creinte (ioint qu'il estoit ieune homme, assez debile & febricitant) ce neanmoins telle auanture mesprisee par les Princes, & marchans tousiours auant auec le Roy, come ils se trouuerent hors de la forest à pleine chaleur, suiuoient aussi derriere le Roy deus de ses pages, l'un apres l'autre, le premier desquelz portoit en teste son Timbre, & l'autre qui le suiuoit, sa Lance à fer esmolu. Ainsi donques le dernier page se venant à endormir, lui eschappa la Lance Royale des mains, laquelle tombant donna du fer sur le Timbre que portoit l'autre page deuant, de maniere qu'au bruit du coup d'icelle Lance sur ledit Timbre, soudeinement le Roy, (encores tout fantasié du rencontre de l'homme inconnu susdit) commença en sursaut à tressaillir de frayeur, & de telle sorte que tout furieus tirant son espee pour fraper de tous cotez, sans auoir connoissance de persone, & pensant estre entre ses enemis en bataille, se print à crier : Auant, auant, sur ces traitres. Auquel cri, les pages se retirans de deuant

uant lui, toutefois le Duc d'Orleās son frere estant assez
pres fut poursuiui du Roy, à toute bride, l'espee au poing,
tellement que sans la grande vitesse dont il se sauua, il
estoit en trop grand danger de sa personne. Finablement
tant se trauailla le Roy, que venant quelquefois apres
à se lasser, comme fit aussi son cheual qui n'en pouuoit
plus, fut saisi le Roy par un Cheualier, & apres dou-
cement remené au Mans, en telle extremité de langueur, qu'on ne sauoit s'il en eschaperoit, au moyen dequoy, le voyage estant rompu, & la gendarmerie re-
tiree, demoura sa personne depuis tout le reste de ses
iours valetudinaire & tant sugette à intermittēte fre-
nesie, que ce fut chose miserable de tel inconuenient,
& mesmes pour l'infortune & malheur de son poure
Royaume, lequel à cause du moyen & entreprinse susdite se sent encores de sa calamité.

e 2

Colligauit nemo.

Il se trouue de la monnoye antique, batue en cuiure ou bronze, au nom d'Auguste Cesar, au reuers de laquelle est la Deuise du Crocodile, enchainé à la Palme, auec l'inscripcion. Col.nem. id est, Colligauit nemo, comme voulant possible faire entendre ledit Auguste, qu'il n'y auoit aucun auant lui, qui ust iamais ataché l'Egipte à sa Victoire. l'Egipte (dy ie) pour autant, que c'est le païs arrosé du Nil: fleuue representé par le Crocodile, lequel se trouue en icelui, & non ailleurs.
Dauant

Dauantage en ladite monnoye, est posé le Crocodile sur des Palmes, en sine qu'en Egipte il fait son trionfe, en l'arrosant, en lieu de pluie. Auguste Cesar donques (à propos de cette Deuise,) fut victorieus en Egipte, sur M. Antoine & Cleopatra.

Latet anguis in herba.

En cueillant les Fleurs & les Fraizes des chams, se faut d'autant garder du dangereus Serpent, qu'il nous peut enuenimer & faire mourir nos corps. Et aussi en colligeant les belles autoritez, & graues sentences des liures, faut euiter d'autant les mauuaises opinions, qu'elles nous peuuët peruertir, damner, & perdre nos ames.

HEROÏQVES. 71

Labuntur nitidis scabrisq; tenaciùs hærent.

Tout ainsi que les Mouches tombent se voulans poser contre un Miroir bien poli: & se grimpent bien contre choses groumeleuses, & mal rabotees. Aussi les hommes tombent plus facilement d'une grande felicité, & se tiennent mieus en auersité.   Plutarque.

DEVISES

Te stante virebo.

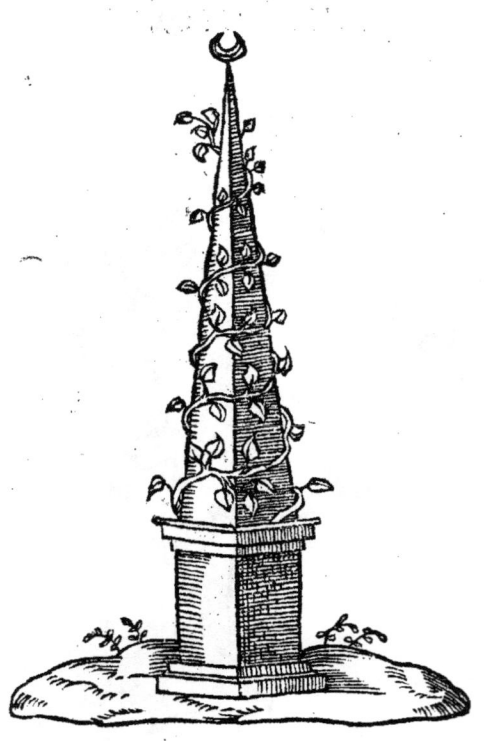

Entrant dernierement Monsieur le R. Cardinal de Lorreine en son Abbaye de Cluny, estoit esleuee au portal d'icelle sa Deuise, qui est une Pyramide, auec le Croissant au dessus: enuironnee du bas iusques en haut, d'un beau Lierre verdoyant. Et le tout acompagné, de l'inscripcion qui sensuit:

Quel Memphien miracle se haussant
Porte du ciel l'argentine lumiere,

Laquelle

Laquelle va (tant qu'elle soit entiere
En sa rondeur) tousiours tousiours croissant?

Quel sacre saint Liërre grauissant
Iusqu'au plus haut de cette sime fiere,
De son apui (ô nouuelle maniere)
Se fait l'apui, plus en plus verdissant?

Soit notre Roy la grande Pyramide:
Dont la hauteur en sa force solide
Le terme au ciel plante de sa victoire:
Prince Prelat tu sois le saint Liërre,
Qui saintement abandonnant la terre
De ton soutien vas soutenant la gloire.

Inter eclipses exorior.

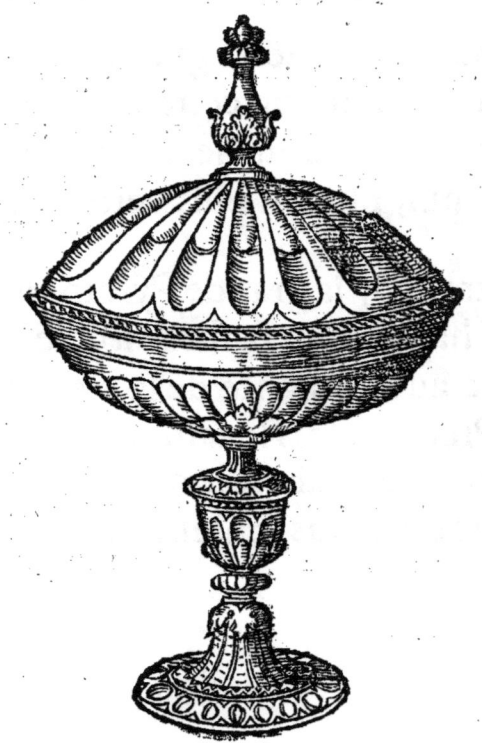

La grande & riche Coupe d'or, portee à present en Deuise par Monsigneur le Dauphin, me sembleroit representer le Crater du Corbeau d'Apollo : qui (selon les Poëtes) fut transferé en luisant sine celeste. Et quant au mot de la Deuise, se pourroit aussi referer, à l'heureuse naissance dudit Signeur.

HEROÏQVES.

Fiducia concors.

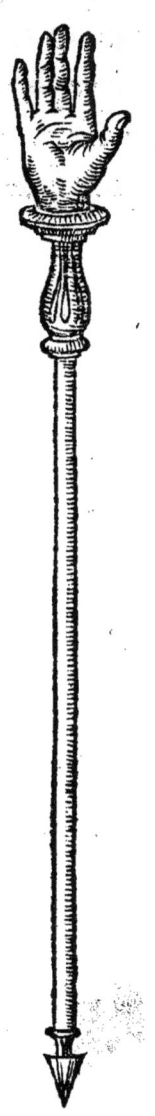

Les Rommeins deuant le Prince, Empereur, ou Chef d'armee, portoient aussi en enseigne une Main : ainsi que

que lon peut voir tant en plusieurs monnoyes antiques, que aussi en celle belle antiquité, imprimee en la face du liure des Commentaires de la Republique de Romme, nouuellement mis en lumiere par Lazius, grand inuestigateur d'antiquitez, & Chroniqueur du Roy des Rommeins. Telle enseigne dōques d'une Main, estoit la Main de Concorde.

Scilicet is superis labor est.

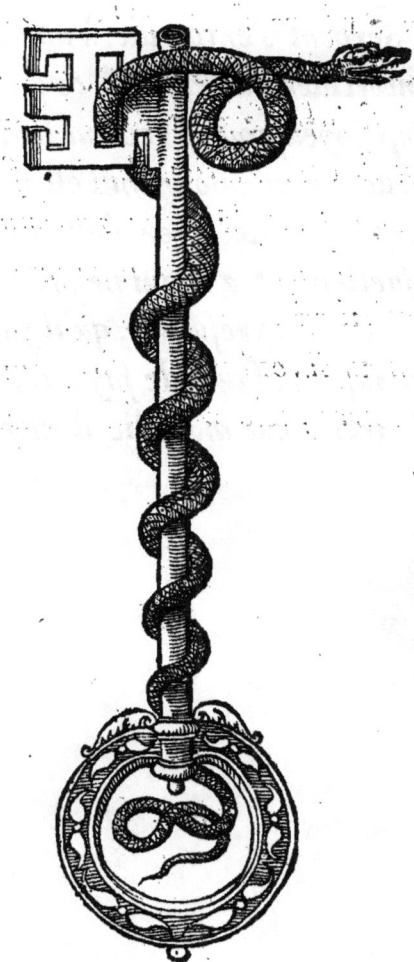

A la Clef, pres de la porte de Leontychidas Senateur
de Lacedemone, s'estant entortillé un Serpent, les augures & deuins lui en faisoient un bien grand cas: afer-
mans

mans que c'estoit un vray prodige. Sur quoy il leur vint à respondre. Quant à moy, ce ne me semble point prodigieus, qu'un Serpent s'entortille à une Clef: mais si la Clef s'estoit entortillee au Serpent, ce seroit chose prodigieuse. Et ainsi ioyeusement reprint leur fole supersticion. De laquelle certes auiourdhui est fort embabouinee la populasse, qui tant de leger s'estonne des choses qui auiennent casuellement, & qui ne sont supernaturelles. Tout consideré, il est à presumer, qu'il y ha faute de bon iugement : ou aussi tot faute de foy, qui nourrit par aucuns mauuais arts, telle maladie d'entendement entre les humeins.

Horrent commota moueri.

L'Ours enfumé & eschaufé, ne se doit iamais irriter, ne fait pas aussi le personnage en collere, marri, faché, & facheus: & duquel lon ne pourroit receuoir que desplaisir, inconuenient & danger.

Si sciens fallo.

Blond.Flau.
L'antique ceremonie que faisoient les Rommeins cessans la guerre, & venans à contracter & faire la Paix auec leurs ennemis estoit, que celui qui auoit charge & commission d'y entendre, & de transiger, assommoit deuant tous les presens une Truie, auec une Pierre ou Caillou, en disant & proferant telles paroles: Tout ainsi qu'il en prend à cette Truie, m'en puisse prendre, si en cet afaire i'entens aucune fraude ny tromperie.

Inuitum fortuna fouet.

Tant à souhet & à plaisir succedoit la felicité des grandes richesses & fortune de Polycrates Tiran Samien, que lui mesmes la cuidant tēperer & changer, getta une sienne Bague, ou Anneau, de tresgrande estimacion, dens la mer : lequel toutefois ce nonobstant, fut retrouué au vētre d'un certein Poisson, que les pescheurs vindrent à pescher. Dont s'en ensuiuit que ledit Tiran, fut en fin surprins & empongné du Satrape de Perse, lequel tantot le fit pēdre & estrangler miserablement. A quoy peut on voir que la faueur, le ris, ou lueur de Fortune, (que le monde estime felicité) n'est pas chose fort asuree, de longue duree, ny certeine : ains de tant plus qu'elle reluit, & plustot se casse & se brise : tout ainsi que fait le verre.

Strabo.

f

Ecquis emat tanti sese demittere.

Valere. Valere le Grand fait mencion d'un Roy, lequel ayant reçu un Diademe, ou Chapeau Royal entre ses mains, le tint longuement auant que le mettre sur son chef, & le regardant & bien considerant, se print à dire : O drap plus noble que heureus! si quelqu'un connoissoit & entendoit l'infinité des solicitudes, perilz & miseres dont il est plein : s'il le trouuoit emmi la bouë, il ne l'en daigneroit oter.

Comminus quò minus.

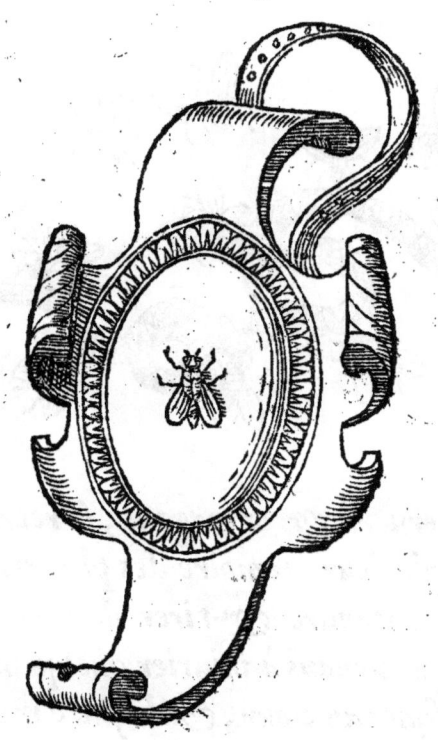

Vn Lacedemonien, taxé d'aucuns, qui pour lui voir porter en Deuise une seule Mouche en son Bouclier, non plus grande que le naturel, lui disoient que c'estoit en sine de se vouloir musser, & creinte d'estre vû: vint à leur respondre en cette maniere, Mais bien pour me montrer aparoissant: car ie m'aproche si pres des ennemis, qu'ils peuuent voir euidemment, que c'est que telle merque & sine.

f 2

Transfundit pasta venenum.

Pline.

Aucuns peruers & outrageus, se recreent d'estudier, & remplir leur memoire des plus atroces iniures qu'ils peuuent entendre & tirer de toute meschante langue, à fin que venans à iniurier quelqu'un, ils le puissent piqùer iusques au cœur, & le faire mourir de desplaisir s'ils peuuent. Et ainsi font comme les Guespes, lesquelles mangeans par grande auidité d'un Serpent, rendent leurs aguillons plus venimeus, & leurs piquures plus dangereuses & mortiferes.

Prostibuli elegantia.

Le Sage en ses Prouerbes fit cōparaison de la beauté & ordure de la femme prostituee, à une Truie, qui ha un Anneau d'or au groin.

Prouerbes.

Celsa potestatis species.

Plutarque. En la pierre precieuse, ou anneau de cachet qui fut trouué à Pompee le Grand quand il fut occis (& lequel anneau fit plourer Cesar, le regardant, quand il lui fut aporté) estoit la Deuse du Lion portant une Espee (selon Plutarque) en sine pouuoit estre de vertueuse & magnanime execucion.

Ardua deturbans, vis animosa quatit.

Pour venir à chef de chose ardue, dificile, & de grande entreprinse, c'est le tout que le bon vouloir, le courage, & la diligence : moyen qui fait que les Aigles viennent à tuer les Cerfs: en se gettans sur leurs Pline. *Rames, leur batans, & remplissans les yeus de poudre (qu'elles ont amassé en leur pennage) & en fin les faisans trebucher, & precipiter aual les rochers.*

Vias tuas Domine demonstra mihi.

En la galere quatrireme, que le Prince André Dorie Amiral de l'Empire, fit faire pour la personne de l'Empereur, à son voyage de Tunis, estoit une Deuise d'une clere Estoile, à rayons, enuironnee de plusieurs Traits, en fine d'inuoquer la conduite, adresse, & puissance de Dieu.

Vnica semper auis.

Comme le Phenix est à iamais seul et unique Oiseau Theophraste. au monde de son espece. Aussi sont les tresbonnes choses de merueilleuse rarité, & bien cler semecs. Deuise que porte Madame Alienor d'Austriche, Royne douairiere de France.

90 DEVISES

ΑΠΛΑΝῶΣ.

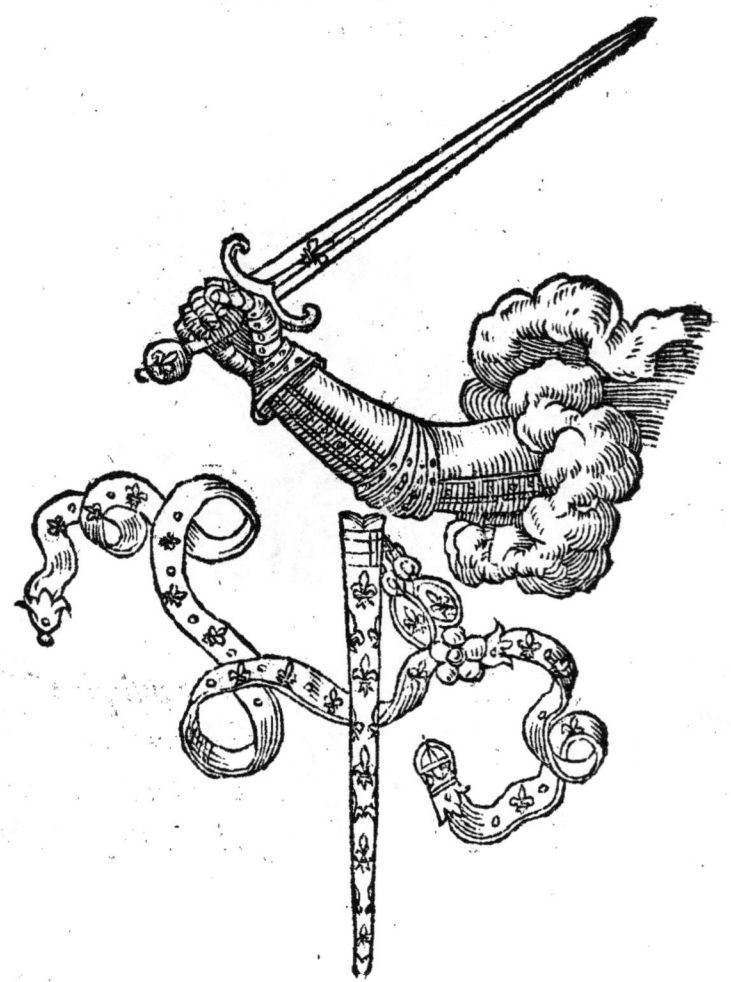

L'espee militaire de France, en Bras armé, auec le mot sus escrit, portee auiourdhui en Deuise, par Monsigneur le Connestable, est en sine & representacion de foy, & fidelité.

HEROIQVES.

Riens ne m'est plus.
Plus ne m'est riens.

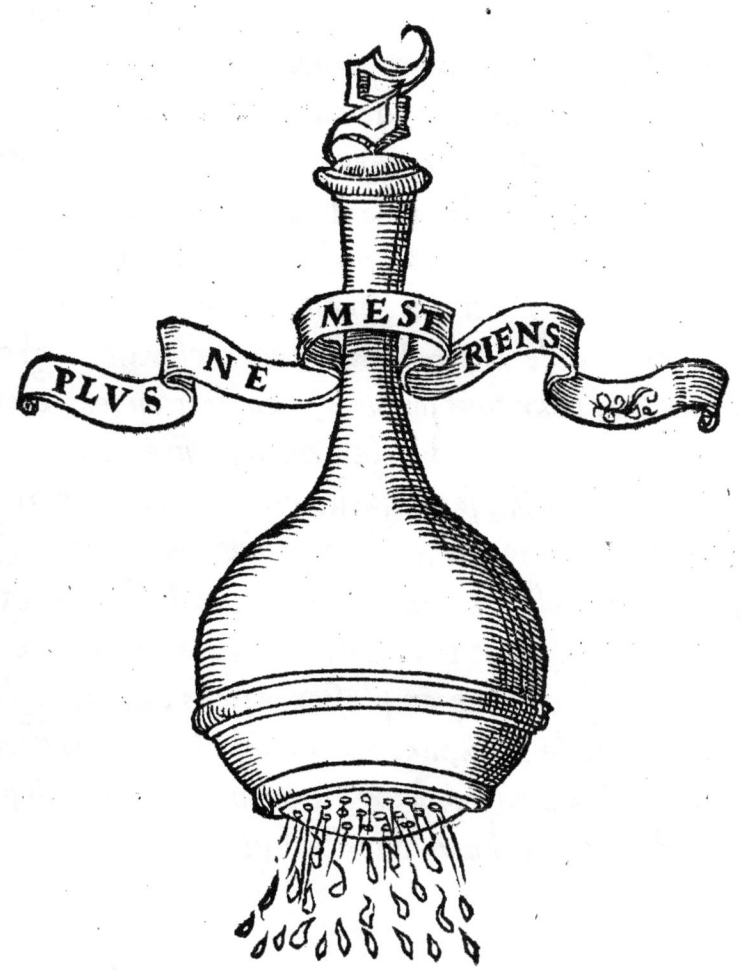

Valentine de Milan, Duchesse d'Orleans, eut un tems
grande ocasion d'acompagner le reste de sa vie, de force
larmes

larmes & pleurs : atendu que d'une part, lui ferroit le cœur le meurtre atroce, commis en la perfonne de fon mari le Duc Louis, frere du Roy Charles VI. Et de l'autre, pour autant que (de malheur) ledit Roy Charles VI. par plufieurs fois, eftant furprins de fa maladie (de laquelle eft fait mencion cy deuant) ne reconnoiffoit perfonne : non pas mefmes la Royne, hors mis toutefois cette Duchefse Valentine : laquelle il apeloit fa belle fœur. A raifon dequoy couroit le cōmun bruit, que le Duc de Milan, pere d'icelle Valentine, auoit fait enforceler le Roy. Dont la miferable Duchefse auoit un trefgrand regret, tellement que pour tous foulas, & confort en fes gemiffemens elle vint à prendre la Chantepleure, ou Arrofoir pour fa Deuife, fur laquelle eft encores la lettre S. en fine (peut eftre) que Seule Souuent, Se Soucioit & Soufpiroit, enfemble fuiuent les mots que deffus : Riens ne m'eft plus. Plus ne m'eft riens, efcrits auec la Deuife qui eft enleuee en plufieurs lieus, dens l'Eglife des Cordeliers de Blois, tant en la chapelle de ladite Duchefse, ou elle gît en fepulture de bronze : que auffi par tout au deuant du chœur d'icelle Eglife.

Pour un autre non.

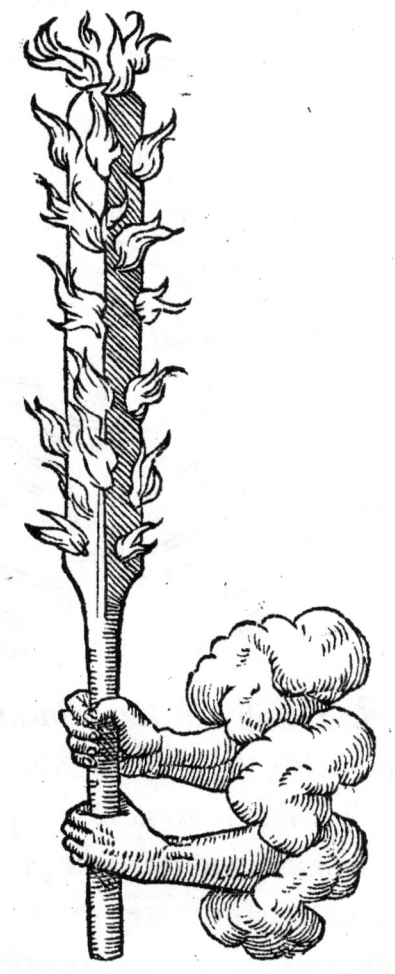

L'auiron, ou Rame flamboyant, eſtoit la Deuiſe de Meſſire André de Laual: iadis Amiral de France, comme ſe peut voir encores à preſent es fauxbourgs de Melun. Qui pouuoit eſtre le ſine de l'ardant zele qu'il auoit de bien ſeruir le Roy: principalement quant au fait de ſa charge, touchant la regence Nauale.

Fata viam inuenient.

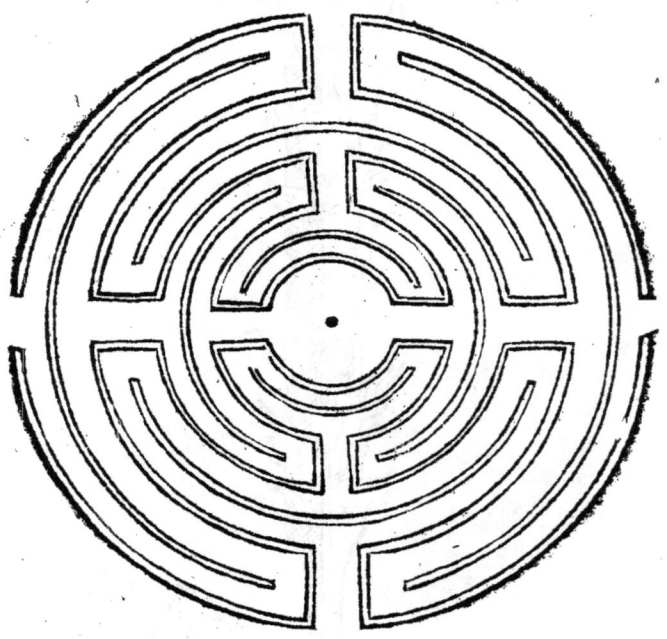

Par la Deuise du Labyrinthe que porte le Signeur de Boisdauphin, à present Arceuesque d'Ambrun, se pourroit (possible) entendre, que pour rencontrer la voye & chemin de vie eternelle, la grace de Dieu nous adresse:nous mettãt entre les mains le filet de ses saints cõmandemens. A ce que le tenans & suiuans tousiours, nous venions à nous tirer hors des dangereus foruoyemens des formidables destroits mondeins.

Quid non mortalia pectora cogis?

Cleopatra estant faschee & desplaisante de l'essay *Pline.* que M. Antoine se faisoit faire, banquetant en sa compagnie, pour lui suggerer (ou autrement) qu'il ne se deffiast plus d'elle, se print à mignarder voluptueusement auec lui, à la mode antique, mesmes auec des Chapeaus de Fleurs, les fueilles desquelles neanmoins estoient empoisonnees. Et prenant d'icelles sur sa teste, les lui brisoit dens sa Couppe, iusques à lui persuader d'en boire. Toutefois ainsi qu'il commençoit, elle mettant la main au deuant, lui dist, Ha, Antoine cher ami, ie suis celle qui ay meintenant l'ocasion & la raison de faire ce que tu creins par tes curieus essaiz, qui auienne de moy : si ie pouuoye viure sans toy. Par la donques se peut connoitre la confidence, qui peut estre en femme impudique.

In sibilo auræ tenuis.

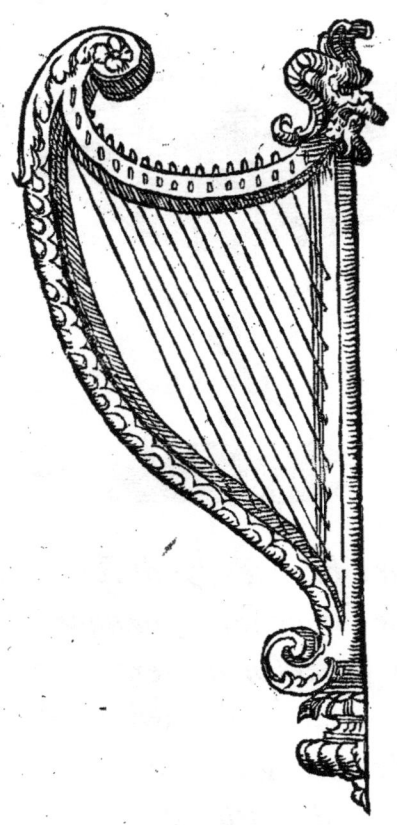

La Musique de sa nature est ennemie de Melancolie : & par ainsi peut apaiser la fureur causee de melancolie excedente. Comme elle peut aussi exciter l'assoupiment prouenant de cette humeur melancoliq, suffoqué qu'il est & obrué de flegme. De laquelle maladie Melanchthon dit auoir vù poure pacient, si fort assoupi

& endormi, qu'on n'en pouuoit tirer parole, fors que par le ieu de la Harpe : au son duquel instrument, il leuoit la teste, se prenoit à rire, & respōdoit à ce dont il estoit interrogé. C'estoit donques grande afinité de la Musique auec l'ame. Chose que fit entendre euidemment le Profete Helisee, qui pour reuoquer son esprit profetique & prier Dieu, (pour le secours de son peuple mourant de soif) se fit amener un ioueur de Harpe : & ainsi obtint de la Diuine bonté, selon sa peticion & prieres. Et quant au parfaio Harpeur Dauid, venoit il point à consoler l'Esprit du Roy Saul, possedé du malin, vû que toutefois qu'il touchoit deuant lui, cessoit le mauuais de le tormenter ? Cette armonieuse Musique donq participe de la Diuinité : vû que non seulement elle reuoque la santé es corps, mais danantage esleue l'ame à contemplacion, la rend consolee, & celeste. Et pour autant est ennemie des Diables, qui ne sont que desespoir, tristesse, frayeur, & abimee desolacion. Au surplus comme en la Musique, par voix diferentes se fait bon acord, ainsi entre hommes de diuerses complexions, & qualitez diferentes, se peut faire & meintenir tresbonne Paix : agreable à Dieu, sur toutes choses.

4. des Rois. 3. chap.

1. des Rois. 16. chap.

g

Finem transcendit habendi.

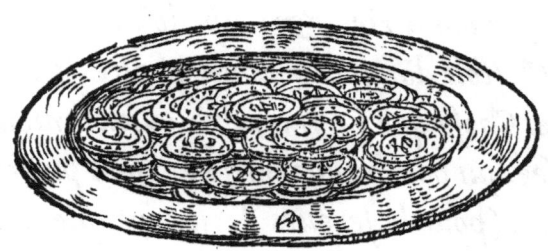

Annales de France.

La desordonnee cupidité d'auoir, & excessiue ambicion du Caliphe de Baldac (grand Pontife de la Loy Machometique) lui causa malheureuse fin: car Haalon Prince des Tartares l'ayant prins prisonnier, le voulut traiter selon ses appetiz, de maniere qu'il lui faisoit aporter & seruir pour tous mets, deuant soy force Plats, & grans Vases pleins d'or: sans lui donner autre chose à manger, lui faisant dire à toutes fois qu'on le seruoit, telz mots: Tien, mange, voici la chose du monde que tu as plus aymee: prens, & t'en saoules.

Heu cadit in quenquam tantum scelus.

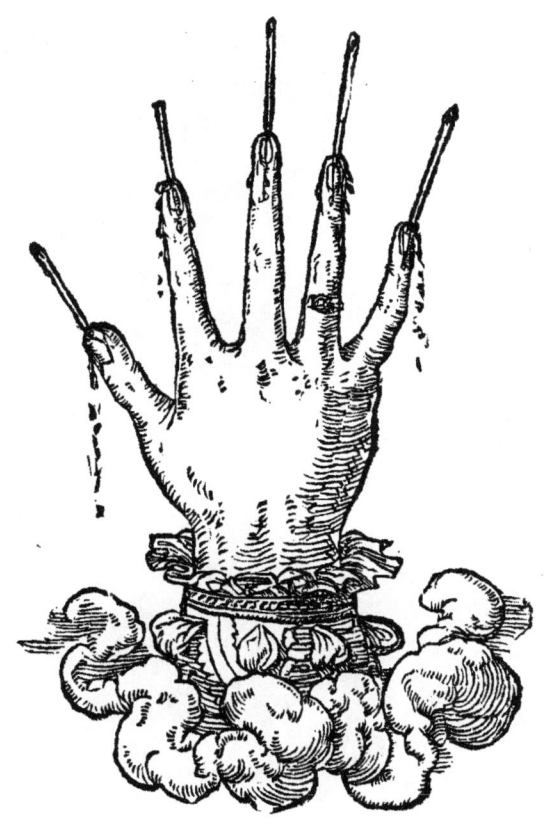

Les filles du Tiran Denis Siracusain le ieune, porte- Celius.
rent en leur innocēce les pechez de leur pere en ce mon
de: car lui estant expulsé de son Royaume, les Locren-
ses pour se venger de ce qu'il auoit au parauant forcé
& violé leurs femmes & leurs filles, se saisirent aussi
des

des siennes propres, lesquelles en leur tendre beauté & virginité, ils abandonnerent & firent prostituer à tous venans. Et de ce n'estans encores contens, leur mirent encores & piqueret tant d'aguilles sous les ongles, qu'ils les firent mourir de cruelle mort.

HEROIQVES.

Preſſa eſt inſignis gloria facti.

L'Empereur Iulian Apoſtat, faiſant publier en Ni- Hiſt. Eccleſ.
comedie un edit, par lequel eſtoient defendues aus Chre- Martyrolog.
tiens les Eſcoles, & auſſi toute aminiſtracion de Republique: fut empongné icelui edit par ſaint Ian le mar-
tyr, lequel le briſa & rompit publiquement: comme le

voyant

voyant estre la chose trop plus pernicieuse à la foy Chretienne, que toute espece de cruel suplice. Ainsi par tel acte nous fut sinifié, qu'il n'y ha peur ou creinte humeine, qui doiue estonner ny faire varier, aucunement la conscience.

Cedo nulli.

Le Dieu Terminus des Rommeins, qui mesmes ne ceda à Iupiter, estoit la Deuise d'Erasme, sur laquelle un Cordelier nommé Caruayalus, lui improperoit & obiectoit, que ce faisoit il par grande arrogance: comme ne voulant (en sauoir) ceder à personne aucunement. Combien toutefois qu'elle se puisse entendre de la Mort, terme dernier & final de tous, que personne ne peut outrepasser. Response aussi que fit Erasme audit Caruayalus.

Tite Liue.

En altera quæ vehat Argo.

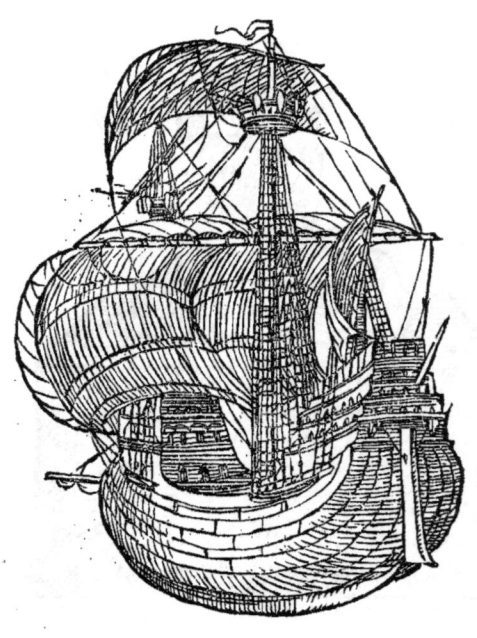

L. Pacatus.
S. Apolinaris.
B. Rhenanus.

Les Franques, ou François (peuple iadis frequentant la marine, & gens exerçans l'art Piratique, selon Latinus Pacatus, Sidon Apolinaris, & Beatus Rhenanus) voulurent que le lieu principal auquel ils s'estoient arrestez, qui est la Cité de Paris, capitale de France, portast perpetuellement l'enseigne de la profession & art dont ils se mesloient. Parquoy lui donnerent la Deuise du Nauire, qu'elle ha depuis tousiours porté iusques à present. Et n'est pas inconuenient que iceus ne participas-

Methodius. sent des Gepides, lesquelz aussi au parauant se remerquoient

quoient du Nauire, frequentans la mer Germanique, nacion poſsible Troyẽne,& eſcartee en lointeines mers, apres la deſtruccion de Troye, de laquelle, l'opinion commune tient, que les nobles François ſont deſcenduz.

Infperatum auxilium.

T. Liue.
Pline.
A. Gelle.

M. Valerius Rommein, combatant contre un Gaulois, fut fauorisé de secours inopiné: car un Corbeau se venant poser sur son armet, esgratigna, & esblouit de telle sorte les yeus de son auersaire, que finablement fut veincu, dont fut ledit Valerius adonq surnommé Coruinus: à raison d'icelui Corbeau, combien que touchant sa victoire, ne la se put atribuer par sa prouesse, ains par la prouidence d'enhaut. Neanmoins audit Coruinus, fit Auguste Cesar eriger une statue, laquelle auoit un Corbeau sur la teste, pour moniment de tel mistere.

HEROIQVES. 107

Tutum te littore sistam.

La Deuise de l'Ancre, est ci inseree en signe de l'esperance que deuons auoir de notre salut, en notre Sauueur Iesuchrist: qui est l'asseuré & dernier refuge, auquel nous conuient tousiours recourir. Vray est que Seleucus Roy de Syrie, portoit telle Deuise de l'Ancre en son anneau de signet, mais c'estoit pourautāt que par l'Ancre, lui

Aus Ebr.6.

Appian.

lui auoit esté sinifié son regne, au raport des Deuins & Augures. Dauantage l'a porté aussi l'Empereur Tite, toutefois pour autre raison, comme sera dit cy apres. En outre l'ont porté & portent encores plusieurs Amiraus, en merque (ce semble) de leurs Ofices, en expedicions & charges Nauales.

HEROÏQVES. 109
Quò tendis?

Saint Iaques, entre autres imperfeccions & incommoditez de la Langue, la dit estre pleine de mortifere venin: & l'acompare au tymon ou gouuernal d'un Nauire, par lequel tout le corps du vaisseau est gouuerné. Opinion certes conforme à celle de Bias, auquel Amasis Tiran d'Egipte ayant enuoyé une beste sacrifiee, auec

S. Iaques 3.

somm

sommacion de lui renuoyer d'icelle, le pire, ou le meilleur membre: lui en renuoya seulement la Langue. Pour estre donques celle petite piece du corps de telle importance, ne fait à emerueiller si Nature l'a enclose de double portal, duquel aucunement ne doit iouir de l'ouuerture, sans la licence de Raison & Entendemēt demourans au fort : autrement venant à s'enuoler sans dire gare, c'est pitié que du danger de sa trainee : & queue de malheureuse consequence.

Putrescet Iugum.

Le Ioug pourrira par l'huile (dit Isaye) profetisant Isaye 10. la liberté spirituelle, par l'auenement de Iesuchrist. Auquel les enfans d'adopcion, heritiers & enfans de Dieu, croissans en augmentacion de Charité, & obseruans ses commandemens, sont desliez du pesant Ioug legal, & de seruitute. Car à ce Iubilé spirituel, les coulpables sont absous, les dettes sont remis & quittez, les bannis rapelez en leur païs, l'hoirie perdue se restitue, & les serfs, à sauoir les hommes venduz par peché, sont deschargez de ce Ioug seruile par Iesuchrist: vray huile de misericorde, de ioye, & de grace.

Nec fas est, nec posse reor.

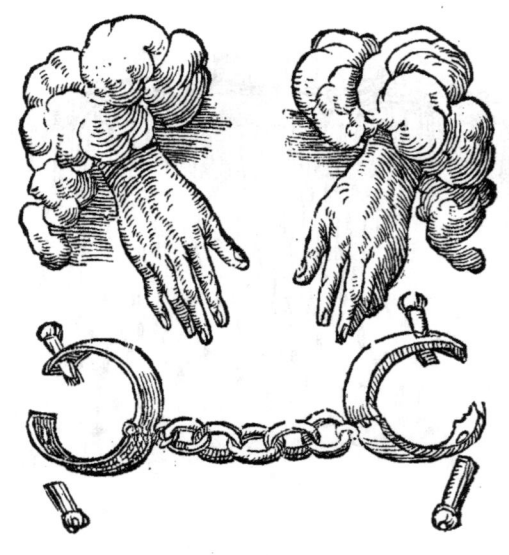

Actes 12. *Il ne faut estimer captif, celui qui est chargé de fers, ains celui qui est chargé de vices. Car nonobstant que saint Pierre fust enchainé de double chaine es prisons d'Herode, si conuint il à la venue de l'Ange, que les chaines lui tombassent des mains, & qu'il euadast par la porte de fer, s'ouurant par le vouloir Diuin, lequel à la verité, (encores que la puissance humeine face ses efforts) ne peut aucunement ny ne doit estre forcé.*

HEROÏQVES.

Semine ab ætherio.

La terre ayant englouti, Core, Dathan, & Abiron Nōb.16. & 17.
sedicieux, perturbateurs du Sacerdoce & saint Ministere: fut icelui confirmé diuinemēt, en la lignee de Leui, par le mistere de la Verge d'Aaron, laquelle entre les autres Verges des lignees d'Israël, mises ensemble par le commandement de Dieu dens le Tabernacle, fut trouuee l'endemein germee, florissant & formant des Amandres.

h

Ventura desuper vrbi.

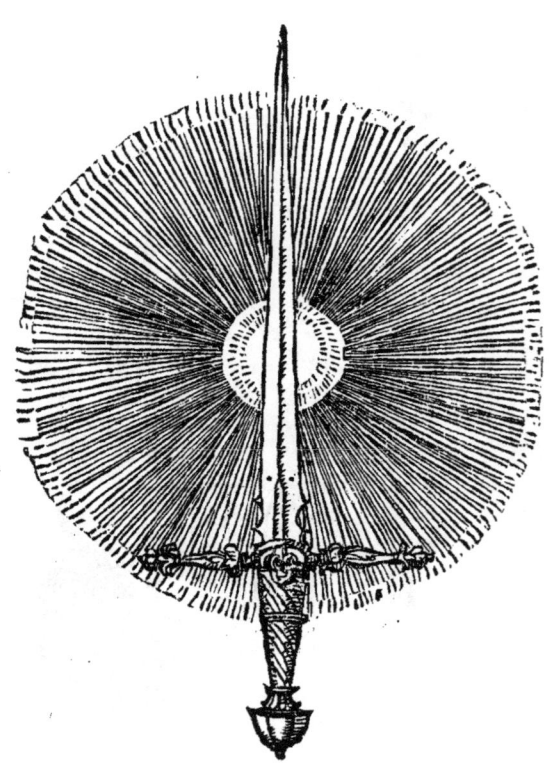

Ioseph.
Aegesipp.

La miserable destruccion de Ierusalem par les Rommeins, (apres la passion de Iesuchrist) fut sinifiee par plusieurs sines, & mesmes entre les autres, par une espouuentable Comete, en forme d'espee luisant en feu, laquelle aparut bien l'espace d'un an sur le Temple, comme demontrant que l'ire Diuine se vouloit venger de la nacion Iudaique, par feu, & par sang, ce qui auint, outre la piteuse calamité de famine, à raison de laquelle ny eut pas la malheureuse & affamee mere qui ne mangeast son propre enfant.

In vtrunque paratus.

Le peuple Iſraëlite reedifiant Ieruſalem, au retour de ſa captiuité de Babilone, fut cõtreint pour les aſſauz & empeſchemens que lui faiſoient ſes ennemis, de batir de l'une des mains, & tenir l'eſpee de l'autre. Hiſtoire miſtiquemẽt repreſentant les edificateurs de l'Egliſe Chretienne, leſquelz pour reedifier ou enſeigner les ignorans, ou defaillans en la Foy (qui ſont les ruïnes) y doiuent diligemment eſtre ententifs d'une part : & de l'autre ſe defendre des dangereus & mortelz ennemis, qui ſont les vices : touſiours auec le trenchant de l'eſpee de la parole de Dieu.

2. Eſdr. 4.

Vindice fato.

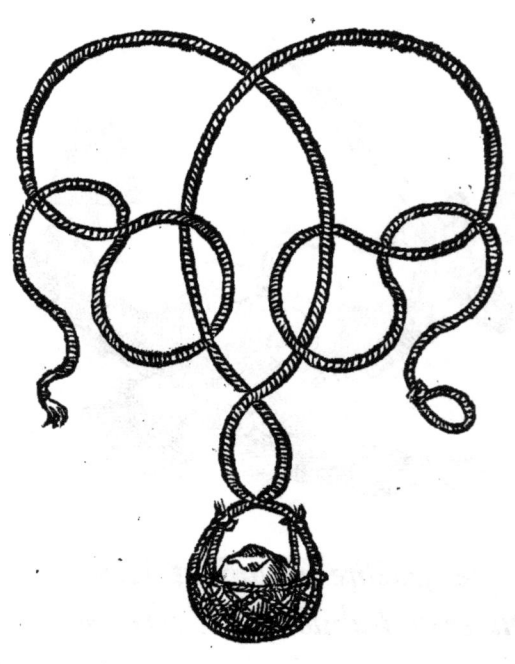

1. Rois 17.   David estant encores ieune & simple berger, (neanmoins armé de la grace de Dieu) s'osa bien presenter au combat contre le grand Goliath. Non toutefois se confiant aus armes du Roy Saul, mais seulement se contentant de sa fonde, cinq caillous, & son baton, au moyen dequoy, il occit ce Geant: ennemi tant redouté & formidable. Ainsi pour veincre le Diable, dangereus auersaire de Nature, nous suffisent seulement les armes de ferme Foy, portans auec nous vraye confidēce en la passion & mistere de la Croix de notre Sauueur Iesuchrist.

Nil solidum.

A la consecracion d'un nouueau Pape à Rôme, comme il passe par la chapelle saint Gregoire, en laquelle sont inhumez plusieurs Papes ses predecesseurs, le maitre des ceremonies porte deuant lui deus cannes ou roseaus, sur l'un desquelz sont des estoupes, & sur l'autre une chandelle, auec laquelle brulant lesdites estoupes, se retourne deuant sa Sainteté & dit : Pater sancte sic transit gloria mundi. Et ce fait il par trois fois.

Vtrum libet.

L'oliue, ensemble la Masse d'armes, (Deuise de Paix, ou de Guerre) se peut montrer aus ennemis, leur ofrant le chois de l'un, ou de l'autre, ainsi que faisoient les An-
Aul. Gel. tiques par le Caducee, auec la Lance: mesmes les Rommeins aus Carthaginois, ou bien par deus Lances ensemble

semble, à sauoir l'une à roquet, & l'autre à fer esmou-
lu. Comme fit le Duc Ian de Bourgongne, apres le meur- Monstrelet.
tre du Duc d'Orleans, qui estant de retour de Flandres
à Amiens, auec une puissante armee, fit peindre deus
telles Lances susdites, au deuant de son logis.

Agere & pati fortia.

Valere. *Tel regret & desplaisir reçut M. Sceuola, Rōmein, d'auoir failli à occire le Tirant qui oprimoit sa patrie, que lui mesmes dens un feu, en voulut punir sa main propre.*

Lex exlex.

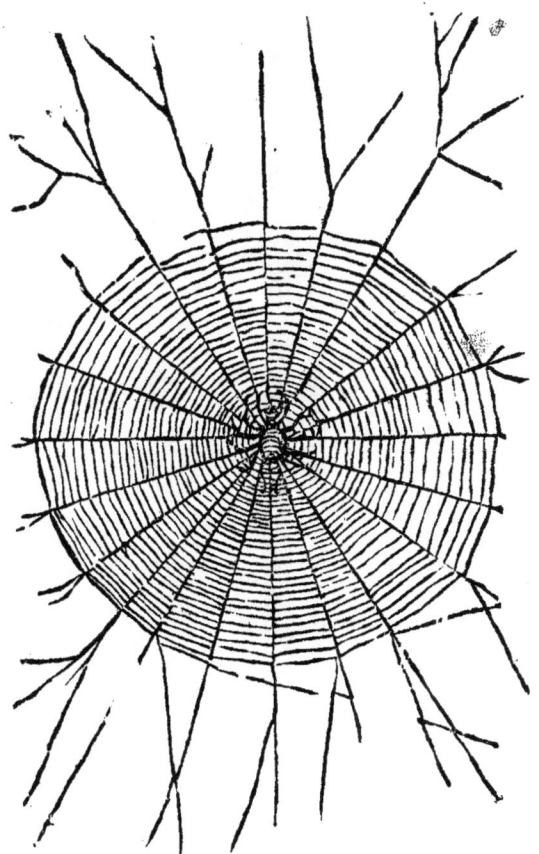

Anacharſe Filoſofe acomparoit les Loix, aus Toiles des Araignees, leſquelles prennent & retiennent les petites Mouches, Papillons, & autres beſtions, & laiſſent paſſer les gros & fors, ce que de meſmes font auſſi les Loix, qui par mauuaiſe interpretacion ne lient les riches & puiſſans, mais ſont rigoureuſes & côtreingnent ſeulement les poures, imbeciles, foibles & petis.

Valere le Grand.

Tutus ab igne sacer.

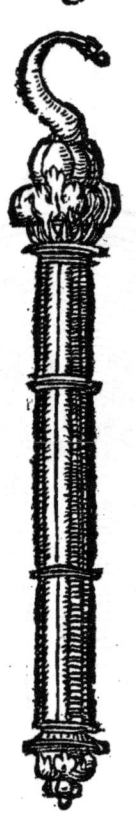

Plutarque.
Val.Max.

Le Litue, baton Augural, & au parauant sceptre d'Iuoire de Romulus, ne fut aucunement brulé par les grans feus de Romme : ains fut trouué dens iceus, tout entier, & sans aucune lesion.

HEROÏQVES.

Parce Imperator.

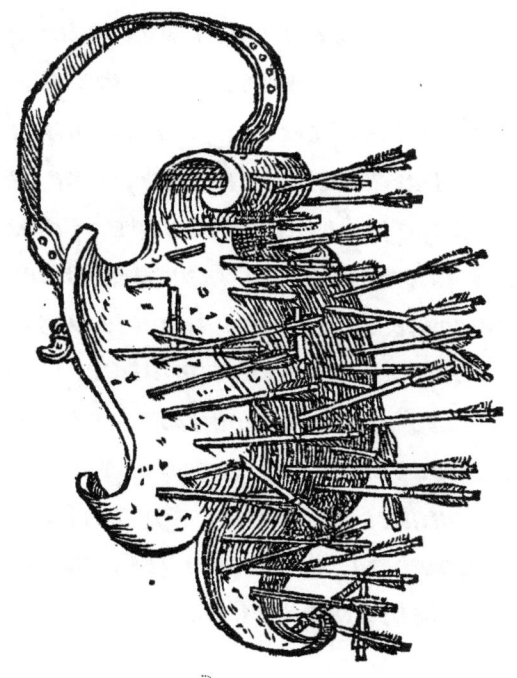

M. Sceua, vaillant soldat en l'armee de Iul. Cesar combatant aus escarmouches d'entre ledit Cesar & Pompee, à Duras apres auoir eu un œil creué, & lui auoir esté son corps percé en six diuers lieus, tout outre, fut encores troué son Bouclier auquel estoient plantees six vingts flesches. Et en outre estoit atteint ledit Bouclier, (ainsi que Cesar mesme escrit) bien de deus cens trente pertuis. Ce neanmoins fut par lui la porte du fort tresbien gardee, qui lui auoit esté commise. Dauantage ledit

Appian.

Cesar.
Suetone.
Valere.

dit Sceua, une autre fois resistant seul en une bataille en Gaule, & s'estant rué sur ses ennemis, comme il eut reçu un coup à trauers la cuisse, son visage lui estre moulu à coups de pierres, son morrion rompu sur sa teste, tombé son bouclier tout percé, & auoir mis son espee en pieces, se getta hardiment en la mer, armé qu'il estoit de double corcelet, & fit tant à la nage, parmi les ondes (qu'il auoit fait rougir du sang des ennemis) qu'il gaigna la compagnie de ses gens, là ou se voyant desnué de ses armes (chose illicite en art militaire) se print encores à crier à son Prince (nonobstant les trauaus de sa fortune) Capiteine, pardonnez moy, i'ay perdu mes armes. Telle fut donques la prouësse & vertu dudit Sceua, lequel en recompense de ses merites, fut mis en honneur & estat de Centenier ou Centurion.

Euertit & æquat.

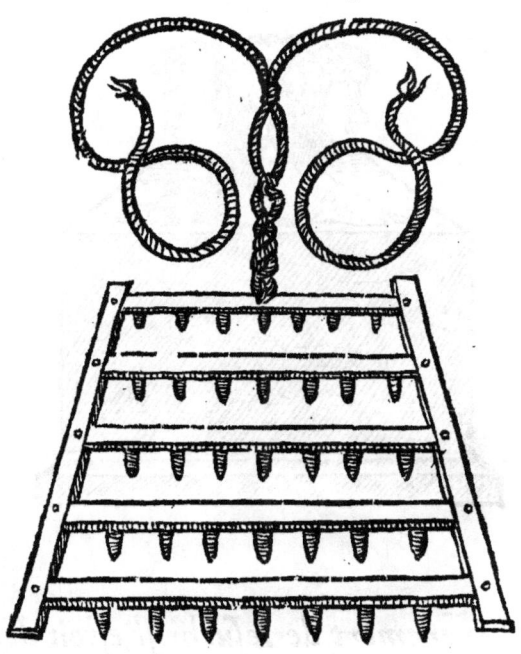

Guillaume de Henaut, Conte d'Ostreuant, fils ayné Froissart. du Duc Albert de Bauieres, Conte de Henaut, Holāde, & Zelande, portoit en lan 1390. en Deuise la Herse, figuree d'or en son estandart, lequel fut desployé en l'armee Chretiēne, contre les Sarrasins, deuant la vile d'Afrique en Barbarie. Cōme la Herse donques renuerse & egale les motes & choses gromeleuses du champ, aussi peut le bon Prince en ses païs, par ses loix & ordōnances abatre & exterminer les meschās & mutins, qui s'esleuent en malfaisant, contre son autorité & puissance.

Vlterius tentare veto.

Auant l'auenement de Iesuchrist, estoit desia insinué entre les Gentils & Payens, le mistere de la sainte Trinité. Designee profetiquement par la Triple Statue du Dieu des Sabins, qu'ils nommoient Sanctus Fidius & Blond. Flaui. Semipater. Lequel par eus fut porté à Romme, le disans estre de Triple nom, encores que à la verité ce ne fust qu'un. Et combien qu'ils ussent tous trois un Temple dedié au mont Quirinal, si esse que ledit Temple ne portoit le nom que de l'un. La persuasion des hommes, touchant ladite Triple statue, vint à estre si grande, qu'elle obtint merueilleuse autorité de serment : auquel estoit entendu

entendu sous une Trine puissance Diuine, le Dieu Fidius : qui estoit le milieu. Or estoient ces tres antiques　Pline.
Sabins fort religieus, à raison dequoy furent ainsi apellez, Et n'y ha point de faute que ceus esquelz il y ha
eu plus de religion, ont aussi tousiours eu plus de lumiere de la Foy.

Seruitus libera.

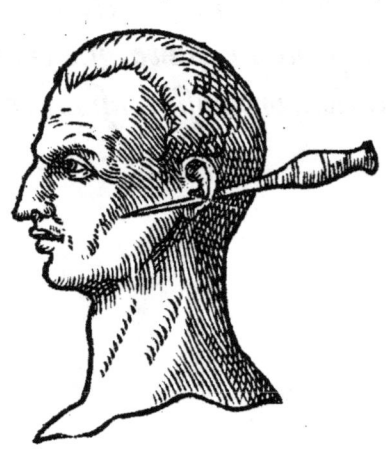

Exode 21.
Deuter. 15.

Par la Loy rigoureuse de Moïse, quand le Serf auoit acompli son terme, prefix & destiné à seruitute, il auoit le chois de s'en aller en liberté : ou bien de tousiours demourer en seruitute auec son maitre, s'il lui plaisoit. Chose que s'il choisissoit de faire, lui perçoit son maitre l'Oreille auec une Alesne. Et estoit telle seruitute volontaire. Ainsi q̃ doit estre celle du bon Chretien, libre seruiteur, selon la Loy de grace : presentant son Oreille à Dieu, à ce qu'il lui plaise de la lui rendre apte & capable d'entendre ses sains commandemens : Grace plus grande qu'il puisse receuoir, & celle qu'il semble que

Psalm. 39.

le Psalmiste se dise auoir reçu, par ce trait : Aures autem perforasti mihi. Aucuns prennent le passage Mosaique

Mosaïque susdit autrement, disans telle seruitute volontaire, estre des Serfs seruans es choses terrestres & mondeines, & ne se voulans retirer (mesmes au bout de leurs aages) à la liberté spirituelle (qui est le seruice en Iesuchrist) l'Oreille desquelz aussi est notee pour cette cause, de perpetuelle inobedience.

Sic terras turbine perflat.

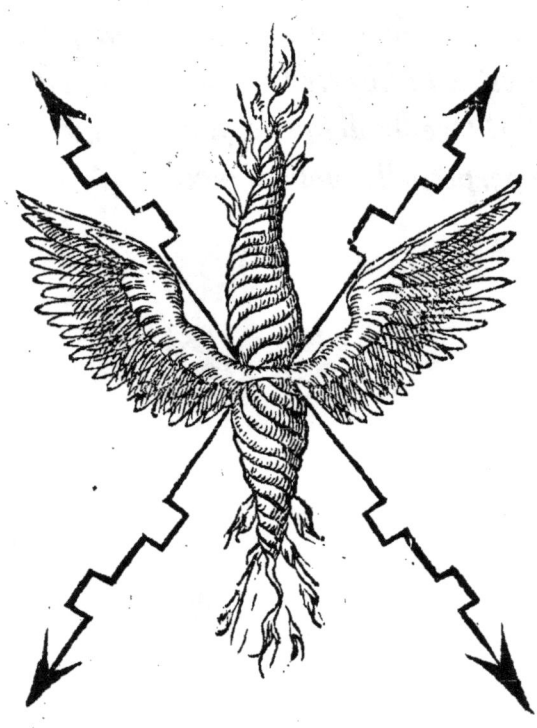

1. S. Pierre 5.
S. Iaques 4.
S. Luc 1.

Dieu notre Createur (selon saint Pierre, saint Iaques, & saint Luc) resiste aus orguilleus fiers & hauteins, & donne grace aus humbles. Et en ce semble estre imité par la Foudre, qui de sa nature laissant les choses basses, tombe coutumierement sur les hautes. Ainsi que mesmes témoigne Horace, disant:

Horace.

Sæpius ventis agitatur ingens
Pinus, & celsæ grauiore casu

Decid

Decidunt turres : feriuntq; summos
Fulgura montes.
   Et encores Ouide:
Summa petit liuor, perflant altissima venti,   Ouide.
 Summa petunt dextra Fulmina missa Iouis.

Vel in ara.

Histoire de Milan.

Galeaz Marie Duc de Milan, fils de François Sforce, se laissa tomber en telle impudique lubricité, qu'il violoit & les filles vierges, & aussi les dames d'honneur & de vertu. Vice qui le rendit tant odieus aus siens, & aus estrangers, ses sugets, que finalement lui en print mal. Car un Courtisan Milannois, nommé André Lampugnan auec deus autres ses adherens, se sentans par lui trop ofensez, & mesmes ledit Lampugnan (qui d'ailleurs ne pouuoit porter paciemment le tort que ce Duc faisoit à un sien frere d'une abbaye) coniurerent ensemble sa mort. Laquelle ayant entreprins Lampugnan entre les autres : & neanmoins n'osant aprocher ny ofenser la personne du Prince, duquel la grãde beauté le té le regettoit & eftonnoit : s'auifa d'un moyen pour s'affurer. De maniere qu'il le fit peindre en un Tableau au vif, contre lequel il donnoit de la dague à toutes fois qu'il y penfoit. Et tant continua fes coups en cette façon de faire, que un iour fe voyant tout acoutumé & affuré de l'aprocher & fraper, s'en va enfemble fes complices, trouuer ce malheureus Duc dens une Eglife, entre fes archers de garde, & la (ce nonobftant) s'auance comme voulant parler à lui, & fur ce foudeinement le frape de la dague trois coups au ventre fi rudemēt qu'il tombe mort en la place. Et ainfi fina ce vicieus Prince, lequel n'auoit iamais bien entendu ce beau trait de Claudian : Quil n'eft meilleur guet, ny plus forte garde, que fidele Amour, & eftre aymé. Ores que lon fuft enuironné de mile dards, ou halebardes. Et à la verité, notre Createur, Dieu des vengeances, (tant recommandant l'amitié entre les hommes) trouue bien ceus qui font le contraire, & qui l'ofenfent : fuffent ils fur le propre autel.

134   DEVISES

Cœlitus impendet.

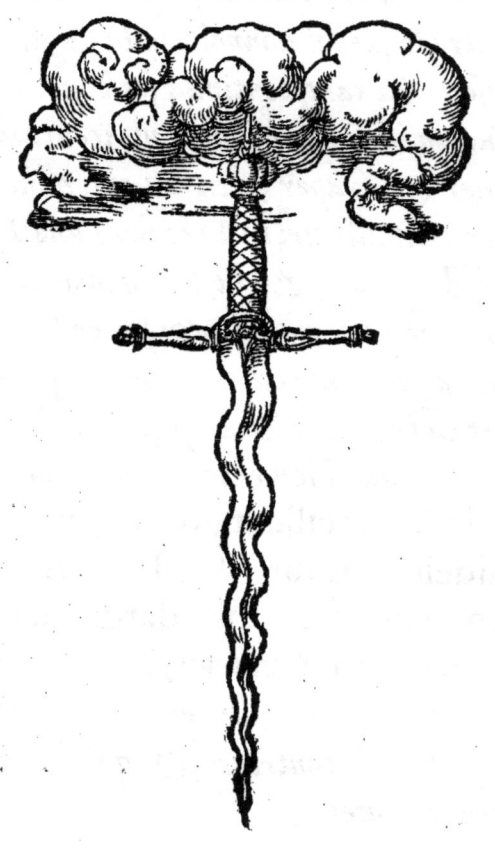

Cicero. Dionisius le Tiran, Roy Sicilien, voyant un iour un sien flateur Boufon, nommé Damocles, qui le louoit merueilleusement pour sa grande magnificence, opulence, & de tout Royal apareil, iusques à dire qu'il l'estimoit estre le plus heureus, que iamais homme n'auoit esté, se print à lui respondre en telle maniere. Damocles puis que

que tu prens plaisir à cette vie que ie meine, veus tu essayer ma felicité, & gouter de ma fortune ? Oui, Sire, dit Damocles : s'il vous plait. Alors le Tiran fit en grand apareil acoutrer un beau grand lit d'or, couuert d'un tapis de riche broderie : dresser force bufets parez de veisselle d'or & d'argent : tres ingenieusement grauee, & faite par riche artifice, apres ordonna plusieurs beaus ieunes pages se tenir autour de la table, ou Damocles fut assis, prests à acomplir tout ce qu'il lui plairoit commander. Dauantage estoient mises senteurs, chapeaus de fleurs, & force perfums odoriferans. La table couuerte de viandes delicieuses : par moyen qu'en telle sorte s'estimoit Damocles le plus heureus du monde. Iusques à ce que le Tiran commanda qu'une trenchante Espee toute nue, fust pendue au plancher, tenant seulement à un poil de queue de Cheual, la pointe droit sur la teste de ce bienheureus Boufon. Lequel se voyant adonq si proche de tel eminent danger, se desgouta de toute cette Beatitude : n'ayant plus le regard tendu à contempler la beauté de ces beaus ieunes pages, ny au grand artifice de la veisselle Royale, lui fachant aussi toute viande. Tellement que les chapeaus de fleurs lui tomboient par terre, tant que finablement il pria le Tiran, de lui donner congé de quitter tel ieu, ne voulant plus estre Bienheureus en cette façon. En quoy ledit Tiran assez declairoit, qu'il n'y ha aucune Beatitude, là

i 4 ou

où toufiours eft creinte prefente. Quand principalement elle eft entendue de la dangereufe Efpee de vengeance Diuine : pendant toufiours à un bien petit filet, fur les miferables pecheurs.

HEROÏQVES. 137
Satis.

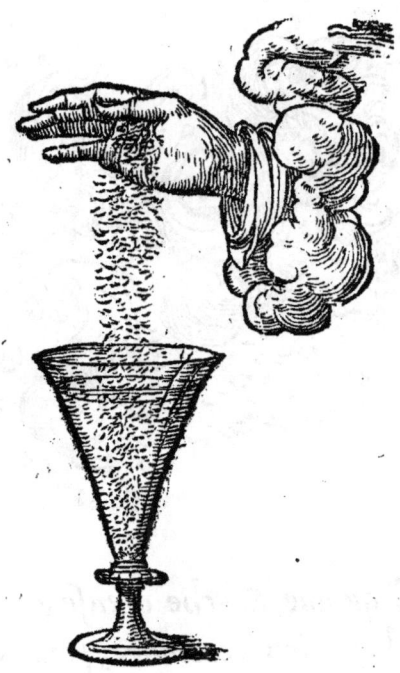

Heraclitus pour faire entendre, que si les Atheniens estoient si bien auisez, que de se contenter des dons de Nature seulement, qu'ils viuroient en bonne paix, tranquilité, & concorde, getta de la Farine auec la Main, dedens un Verre plein d'eau.

Vis est ardentior intus.

Ainsi qu'une Souche creuse & embrasee par dedens, est chose bien à creindre, pour le dãger du feu, duquel on ne se donne garde, pour n'y en voir aucune aparence en dehors. Aussi es viles & citez, sont les intestines entreprinses, cõiuracions, & sedicions plus à creindre, d'autant qu'elles sont plus ocultes & couuertes. Car à telles choses, est bien dificile de remedier: que premierement n'en sorte tresgrand danger, & inconuenient à la Republique. Cette Deuise aussi, se pourroit entendre d'un Amour secret, & couuert: qui est pareillement chose fort ardente: & souuent de grande consequence.

Premitur, non opprimitur.

En iugement l'Empereur Galba entendant sur le diferent & proces d'aucun Cheual contencieus, & voyant par les douteuses deposicions des témoins, que la coniecture de la verité, en estoit dificile constitua la propre Nature Iuge d'elle mesme, (à limitacion de Salomon, lequel defera le iugement de la controuerse, à l'afeccion maternelle). De maniere qu'il ordonna que ledit Cheual fust mené, la teste enuelopee & bouchee, à l'eau de son abreuoir acoutumé. Et que de ce lieu (apres lui auoir esté la teste descouuerte) chez celui ou il s'en retourneroit, ayant bu, à celui il seroit & apartiendroit. Dont aparut par tel moyen, que Verité se peut desguiser: mais non toutefois iamais oprimer.

Suetone.

Magnum vectigal.

Le Herisson se gettant en queste, ne se contente seulement de se paitre des fruits qu'il rencontre, ains encores se couche & roule par dessus: à fin d'attacher de ses pointes ce qu'il peut, tant des uns que des autres. Et en cette façon les emporte en sa cauerne: pour s'en nourrir long tems apres, de peu à peu. En quoy nous fait aparoir, que pour auoir du bien, ce n'est pas le tout que de posseder plusieurs terres & reuenuz, ains d'estre songneus, & diligemment user d'espargne, qui est un reuenu tant asseuré, & si grand, qu'il contreint ordinairement les riches grans déspensiers, de venir à recours aus petis locataires, mesnagers & bien dispensans les choses.

Ingenij largitor.

Il n'eſt que la neceßité, pour faire inuenter les habi- Pline.
litez, & ſutils moyens. Comme naturellement demontre le Corbeau, duquel Pline fait mencion : qui eſtant
preßé de ſoif (& neanmoins ne pouuant auenir à boire
ſus un monument, dens un ſeau, auquel reſidoit eau de
pluie) porta, & getta tant de pierres dens icelui, qu'en
fin croiſſant le monceau, fit remōter de l'eau pour boire.

Vindictæ trahit exitium.

Des Iuges 15.

Volontiers ceus qui conspirent vengeance, & qui la portent (comme cy deuant est dit du Roy Charles v1.) en sont punis les premiers. Ainsi en print il aussi es trois cens Renars, qui porterēt les brandons (que Sanson leur atacha) à trauers les blez des Philistins, pour les bruler.

Aequari pauet alta minor.

Tarquin le Superbe, pour faire entendre à son fils son intencion, sans se fier d'en communiquer autrement à un Gentilhomme que sondit fils lui auoit enuoyé, s'en alla pourmener dens un iardin, & là se print à abatre auec une baguette les testes des plus grans Pauoz: comme desirant lui faire entendre, qu'il lui plaisoit que les grans

Tite Liue.
Valere le Grand.

grans & puissans personnages des Gabiens, (dont il estoit question, & entre lesquels sondit fils auoit grandement insinué son autorité, par ruse) fussent chatiez & punis capitalement. Et ainsi par celle façon de faire ambigue, fit telle response sanguinaire. Considerant (s il est à presumer) qu'un Prince, pour pacifier ses païs, doit rendre les plus Grans obeïssans.

Ecquis discernit vtrunque?

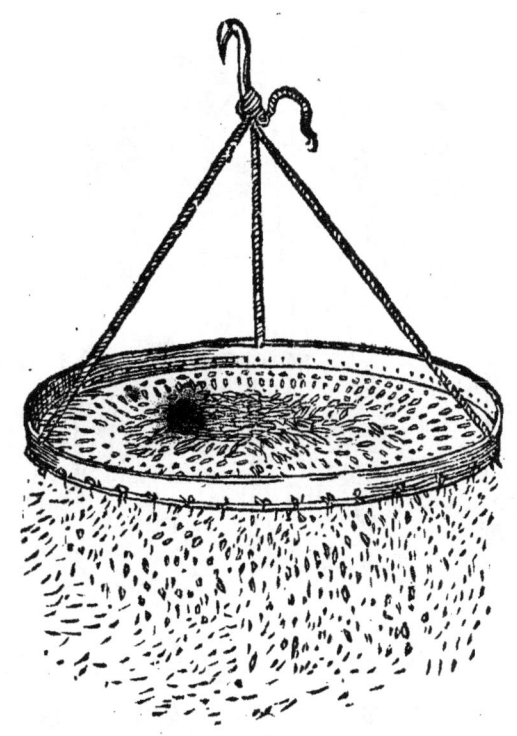

Par le Crible, sont entendus les gens de bien, lesquelz, comme le Crible purge le bon blé des mauuaises greines, aussi sauent ils bien discerner le bon sauoir d'auec le mauuais, ce que ne font les meschans, qui le prennent sans cribler.

Hac illac perfluo.

Plutarque.
Terence.

Le Tonneau des Danaïdes (selon les Poëtes) est tant trouë & percé de tous cotez, que tant que lon y peut verser, il coule & gette dehors. A tel Tonneau donques ou semblable, Plutarque, Terence, & autres Auteurs, acomparent les Langars, les Ingrats, & les Auares. Pour autant que le Langard & causeur, ne peut rien tenir secret, mais gette tout dehors, L'ingrat & mesconnoissant, ne scet gré du bien qu'on lui fait, & l'Auare iamais n'est rempli, ny saoul.

Virtutis Fortuna comes.

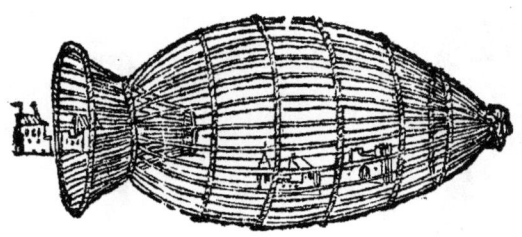

Les peintres, cuidans gratifier ou flater Timothee, Suidas. Duc d'Athenes, à cause de sa richesse & pouuoir, peingnirent son efigie dormant: & aupres d'icelle, Fortune, qui lui presentoit des Viles encloses dens des retz, ou filez. Dont toutefois ledit Timothee fut marri, voyant qu'ainsi ils atribuoient pluſtot sa felicité à Fortune, qu'à Vertu. Plutarque dit que c'eſtoient ses ennemis, qui lui Plutarque. figuroient telle peinture.

148 　　　DEVISES

Prohibete nefas.

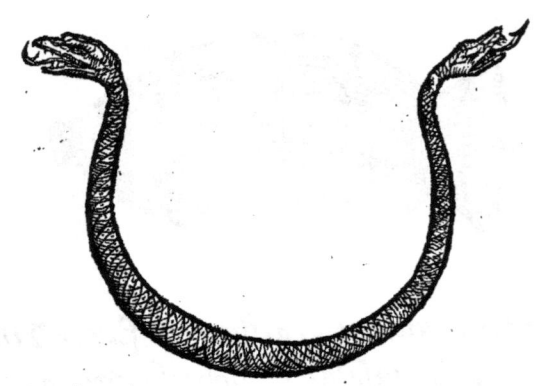

Ariſtote.　　　L'Amphisbeine, monſtrueus Serpent, (ayant une
Pline.　　teſte en la queuë, ainſi qu'au deuant, de laquelle il mord,
　　s'auance, & recule, quãd il lui plait) pourroit bien eſtre
　　le Deuiſe d'un tas de traitres à deus viſages, & enne-
　　mis domeſtiques: deſquelz le danger eſt ſi grand, qu'il
　　n'y ha eſpece de peſte plus eficace pour nuire, que telle
Cicero.　　race de gens: ſelon Cicero. Qui ſont les meſchans dont
　　dit auſſi le commun prouerbe:
　　　Tel par deuant fait bon viſage,
　　　Qui par derrier mord & outrage.

Tu decus omne tuis.

La vraye Gentilesse entre les lignees, ha prins son origine premierement, de quelques actes memorables, prouësses & faits insignes, ainsi qu'il auint à celle de l'illustre Lysimachus Macedonien, lequel (auenant que par commandement d'Alexandre, fut exposé en proye d'un feroce Lion) esprouua de telle sorte sa vertu, lui gettant la Main dens la gueule, qu'il lui arracha la Langue dehors, & l'estrangla sur le champ. Au moyen dequoy il rentra si auant en la grace de son Roy, que par l'autorité & puissance, en laquelle il le constitua, fit batir la Vile de Lysimaquie, laquelle il lui plut ainsi nommer de son nom. Trog. Pomp.

Vsque recurrit.

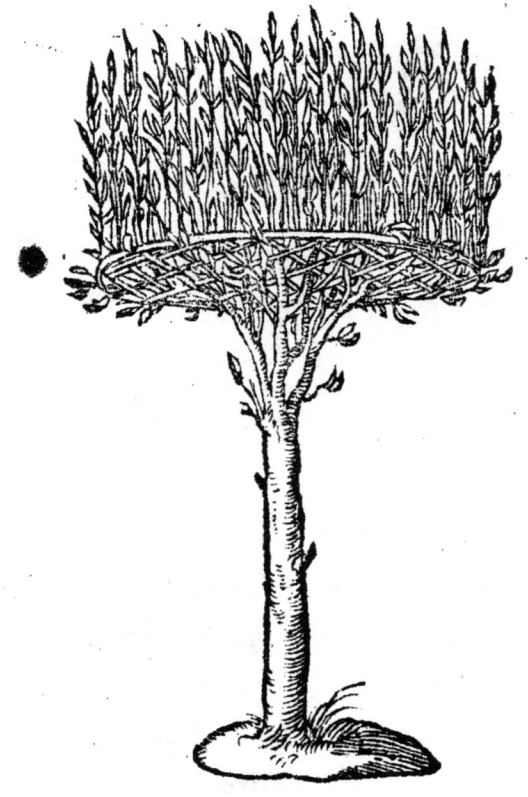

Encores que Nature se puisse aucunemēt diuertir, si est qu'elle tend tousiours à retourner en sa premiere inclinacion. Ainsi que lon void d'un Arbre treillé, duquel, combien que les brāches soient retenues par force, neanmoins s'en vont & regettent les nouueaus sions, ou ils tendent naturellement. Et ainsi en prent il des autres choses,

choses, mesmes des bestes & gens, sur quoy court le commun prouerbe : Qu'on ne sauroit faire d'une Buze, un Esperuier, Ny aussi d'un Vilein, un Noble. *Et à la verité, Le mortier sent tousiours les aulz.*

Quocunque ferar.

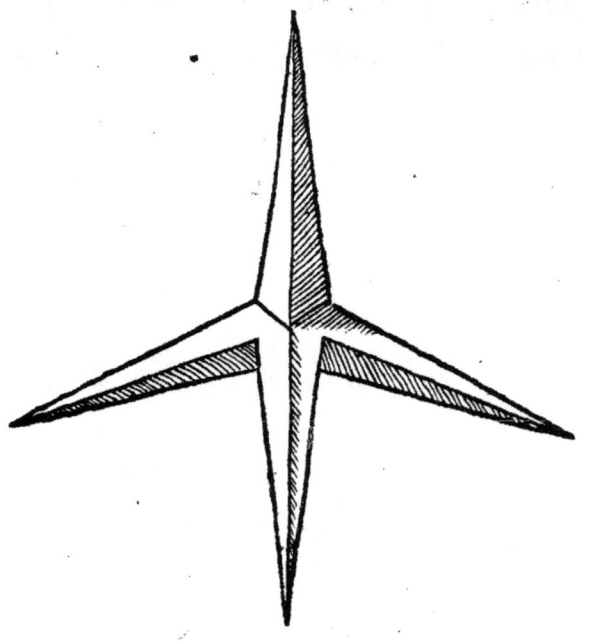

La chauſſetrape, de ſa forme, eſt touſiours dangereuſe: & preſte à nuire, en quelque lieu qu'elle tombe, pour auoir une pointe aigue & droite deſſus. Auſſi les malicieus & meſchans, ne ſe trouuent iamais ſans porter un malencontre à ceus qui les ſuiuent & frequentent. Ce furent telles chauſſetrapes, qui furent gettees à trauers les rues de Paris, par les meurtriers du Duc Louïs d'Orleans (ci deuãt mencionné) à ce qu'on ne les ſuiuiſt.

Enguerr. de Monſtrelet.

Spe illectat inani.

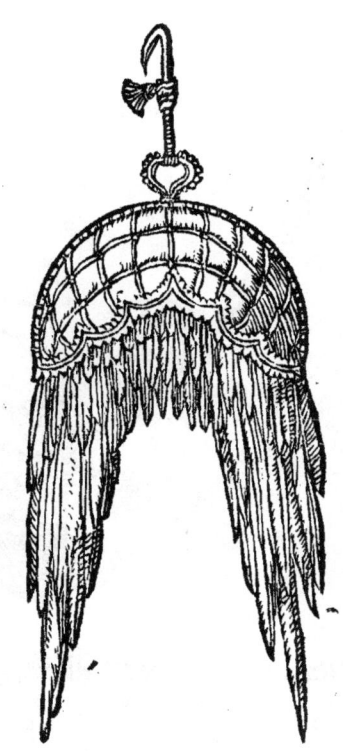

L'enchantement & illusion des choses mondeines, font de loin tresgrande promesse aus mortelz: & les alleichent de grande esperāce: mais de pres ce n'est que vanité, & abusion. Ainsi que peut demontrer le Leurre de Fauconnerie, deceuable rapeau d'Oiseaus de proye.

Vlterius ne tende odijs.

S. Gregoire Nazien.

La puissance humeine, ne peut aller, & ne doit contreuenir à la Diuine : ainsi qu'il fut demontré à l'Empereur Valens, lequel (comme taché de l'erreur Arrienne) ayant escrit plusieurs choses concernans l'exil & bannissement de saint Basile, ne fut toutefois en son pouuoir de paracheuer : pour autant que sa Plume refusa à rendre encre par trois fois, & ce nonobstant poursuiuant tousiours de siner & confirmer telle Loy, ou ordonnance pleine d'impieté, se vint à mouuoir sa main dextre & trembler de telle sorte, qu'adonq (surprins qu'il fut de peur & grand' creinte) rõpit soy-mesme, à deus mains, toute telle escriture & instrument.

Hæc conscia numinis ætas.

Sur l'auenement d'Auguste Cesar à l'Empire, aparut à Romme (selon Pline) à l'enuiron du Soleil, comme une Coronne d'estoiles, ou d'espics de Blé: ensemble des Cercles de diuerses couleurs. Vray est que Suetone faisant mencion de tel sine, ne parle que d'un Cercle seulement, en semblance de l'Arc enciel: tenant toutefois (ainsi que dessus) toute la rotondité du Soleil. Mais Dion confirmant de plus pres l'opinion de Pline, dit (outre la

Pline.

Suetone.

Dion.

mencion

mencion qu'il fait d'une Estoile non acoutumee, adonq aparoissant) qu'il sembloit à voir, que la lueur du Soleil se diminuast, & s'obfuquast : semblant encores qu'en icelui fussent trois Cercles, l'un desquelz se demontroit, comme enuironné d'espiçs de Froment. Et d'auantage en autre lieu plus auant, dit encores ledit Dion, que le Soleil (comme dessus) se diminuant & obfusquant, lui soit aucunefois la nuit. Tant y ha, apres toute opinion, que du tems dudit Auguste, nasquit Iesuchrist notre Sauueur : vraye lumiere, & Soleil de Iustice, duquel l'auenement aportant es humeins toute abondance, pouuoit aussi bien estre demontré par le témoignage des cieus, que fust sa mort & passion, selon l'Euangile, auquel tems le Soleil perdant sa clarté, se firent tenebres vniuerselles. Et ne fait à esmerueiller, si les sines annonçans la Natiuité du fils de Dieu, ont estez obseruez des Payens (en ignorance de lui neanmoins) & leur ont esté admirables, vû que les prodiges apres rémoignans tant sadite passion que resurreccion, ils ont trouué merueilleus. Ce que furent les tenebres de sa mort à saint Denis, estudiant lors auec Apollophanes son Precepteur en Egipte. Qui connoissant par son grand sauoir le Soleil s'estre obscurci outre Nature, se print (ainsi que dit Suidas) à faire tel cri & exclamacion. Aut Deus Naturæ patitur, aut mundi machina dissoluitur. Ou le Dieu de Nature soufre, ou la machine du monde

Suidas.

veut

veut tomber en ruïne. Dauātage quant au grand tremblement de terre, qui auint à sa resurreccion, Pline (si bien lon considere la concurrēce du tems) en peut auoir assez apertement escrit en cette maniere : Maximus terræ memoria mortalium extitit metus, Tiberij Cæsaris principatu XII Vrbibus Asiæ una nocte prostratis : *Le plus grand tremblement de terre, qui soit de memoire d'hŏme, est celui qui auint au tems de l'Empire de Tibere : par lequel en une nuit, furent ruïnees douze Citez en Asie.* Pline liure 2.

Haud sidit inane.

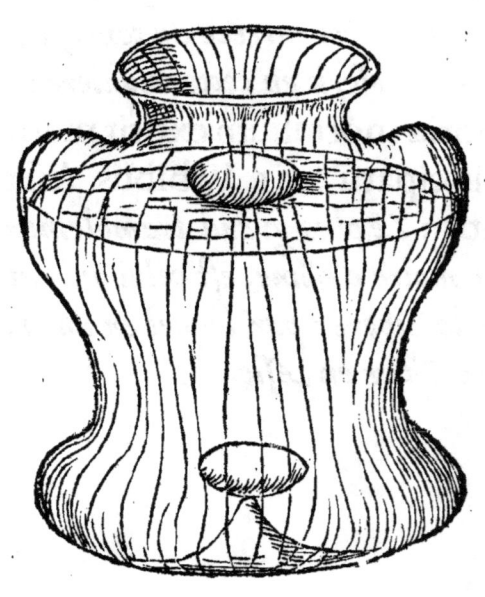

Pline. L'œuf leger & pourri mis en eaue, nage & flotte par deſſus: & le frais, plein, & peſant, deſcend touſ-
Quintilian. iours & va à fons. Sur quoy peut on conſiderer, que d'autant qu'il y ha plus d'ignorance en un perſonnage, & plus il eſt impudent, & effronté, aymant à eſtre vû aparent, haut monté, & grand : & auſſi d'autant qu'il y ha plus de ſauoir & d'intelligence, & plus il eſt modeſte, humble, & haïſſant toute fole, & exterieure oſtentacion.

Infringit solido.

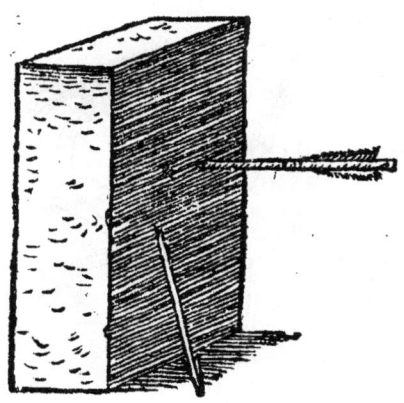

Voulant calomnier un personnage, ferme, magnanime, & constant, la Calomnie retourne contre le Calomniateur: Ainsi que fait un trait ou flesche contre l'Archer, l'ayant tiré contre une pierre dure & solide.

Sans autre guide.

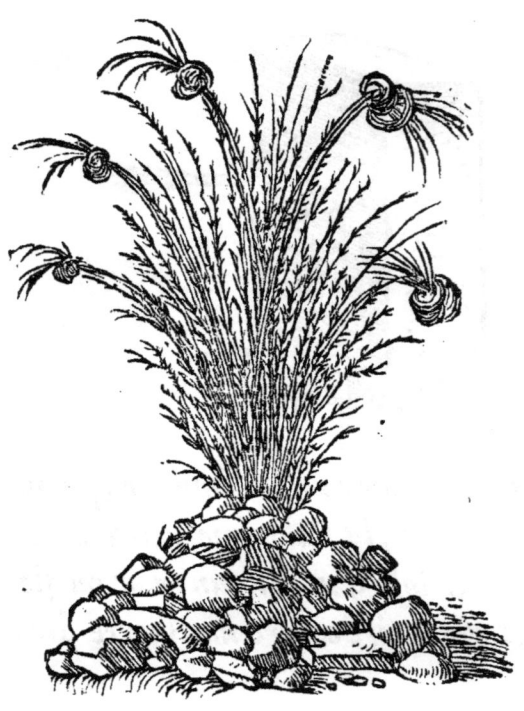

La Montioye des Pelerins, en branches nouees de Geneste, ou autre arbre, ou petis moncelets de Pierres, pour remerquer & adresser leurs chemins, represente ci, que seule Vertu est la guide, pour suiuir les brisees de felicité.

Fata obstant.

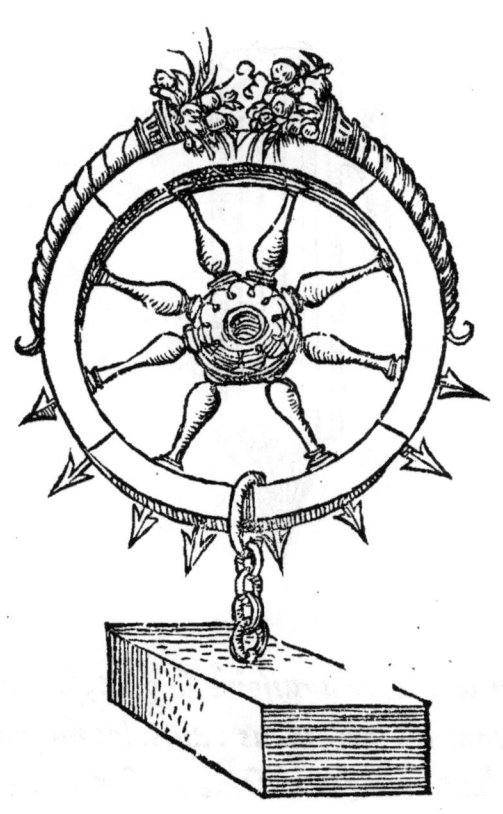

Pour paruenir à quelque felicité & bonne fortune, le chemin est dificile & mal aisé: ioint que poureté y nuit & empesche.

Terit & teritur.

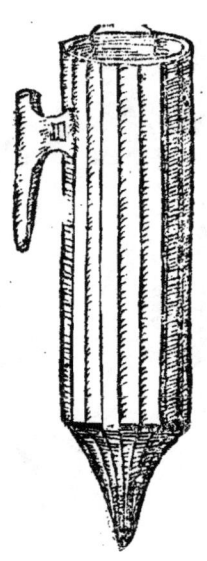

Ainsi que la Pierre aguisoire se gate, se use, & mange, en rongeant les ferremens : aussi les meschans, & plaideurs volontaires & obstinez, sont contens de eus ruiner, pour ruiner les autres : se destruire, & se manger.

Sic prædæ patet esca sui.

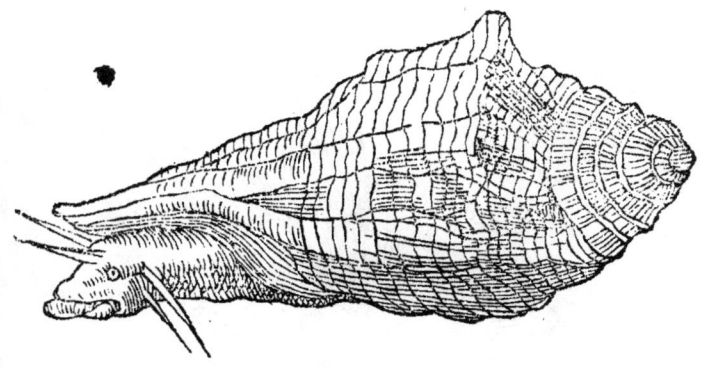

Le grand bien que le poisson apellé Pourpre, reçoit de sa Langue, est d'autant à estimer, que c'est son moyen de viure: prenant sa proye auec icelle. Et aussi le mal que souuent lui en auient, est d'autant à creindre, que par là, il prent la mort: estant tousiours pesché du Pescheur par la Langue. De mesmes donques la Langue humeine sagement faisant son ofice, est un tresor inestimable: mais aussi la ianglerese, causeuse, & desgorgee est d'autant à redouter, qu'elle est mortifere, & venimeuse: estant aussi apellee vulgairement, Grand Langue, *& par ainsi tousiours representee par celle du Pourpre, qui est fort grande, à la fin de laquelle dens la gorge, ha encores ce Poisson l'humeur purpurin, qu'il gette: côme fait aussi la meschante Langue de ses actes & issues: qui sont bien souuent sanguinaires.*

l 2

Candor illæsus.

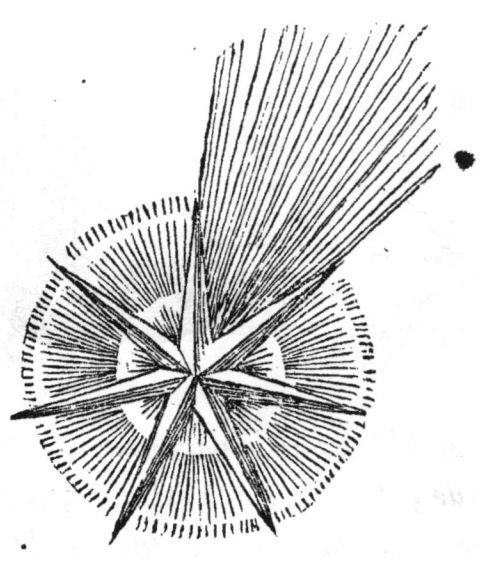

Aristote.
Pape Clement de Medicis, VII. de ce nom, auoit pour sa Deuise une Comete: ou Estoile à queue. Aristote à ce propos escrit, que tout ainsi qu'une Comete, ou nouuelle Estoile aparoissant, sinifie aus humeins un grãd bien, ou un grand dommage, aussi l'auenemeut d'un nouueau Prince: aporte à la Republique, ou bon heur, ou totale ruine.

Prosper vterque mari.

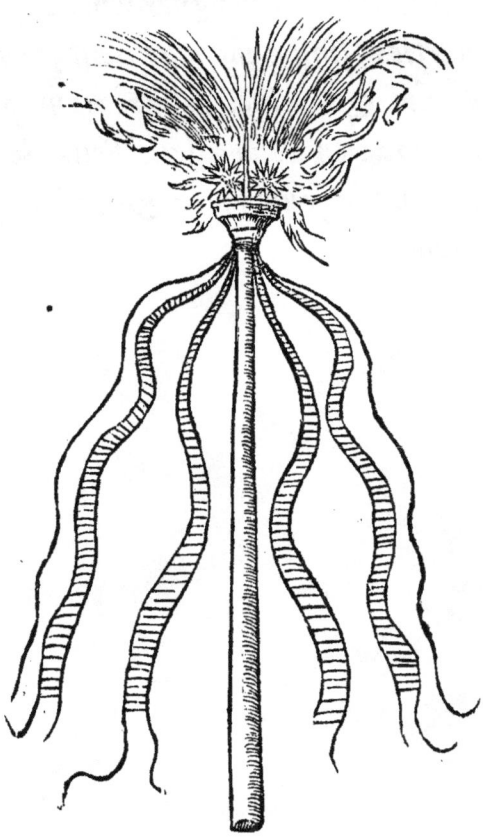

L'aparicion des deus Feus ensemble (que iadis les Antiques nommoient Castor & Pollux) est estimee sur la mer, à tresbon sine. Et celle de l'un d'iceus seulement, est tenue à mauuais presage. Pareillement l'amour coniugale, reciproque, & reluisant ensemble, arriuant en tourmente de mariage, & Republique de mesnage, est

l 3   sine

fine de tranquilité, aſſurance, bon heur, & allegement. Mais auſſi la diſtraccion, eslongnement, & diuorce entre les deus parties, ſinifie inconuenient, trouble, dommage, deſplaiſir, & ruïne. Autrement peut demontrer auſſi la ſeparacion de ces deus Feus, le danger qui peut auenir, quand la ſeule force & puiſſance, ſe vient à ſeparer de Sapience.

Sic spectanda fides.

Si pour esprouuer le fin Or, ou autres metaus, lon les raporte sur la Touche, sans qu'on se confie de leurs tintemens ou de leurs sons, aussi pour connoitre les gens de bien, & vertueus personnages, se faut prendre garde à la splendeur de leurs euures, sans s'arrester au babil.

Sic violenta.

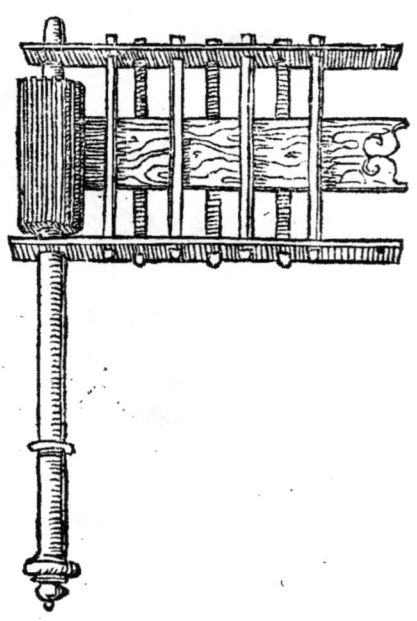

Toute violente crierie, est coutumierement de nul effet: ainsi que d'une Triquette, ou Tarteuelle.

Terror & error.

C'est fait en Prince magnanime, prudent, & bien auisé, & bon Capiteine, de tourner neceßité en vertu: & se tirer (ensemble son armee) hors du danger de ses ennemis, par ruse, & sans coup fraper, les espouuantans seulement, comme fit le gentil Annibal, liant de nuit des Fagots ardans, sur les testes de ses Beufs.

Poco à poco.

    De mesmes que lon peut voir les Herbes venues, & non point les aperceuoir croitre : aussi se peuuent voir les Vertus crues, & non pas croitre : ny discerner leur lent acroissement.

Aemula naturæ.

Continuelle exercitacion peut tant, qu'elle peut imiter Nature, comme fit aparoir Domician Cesar, lequel estoit si fait & industrieus à tirer à l'arc, qu'il tira en la teste d'une Beste deus flesches si droit, qu'il sembloit quasi que ce fussent des cornes.

Suetone.

Renouata iuuentus.

S.Gregoire. *L'Esperuier au Soleil, se purge de ses meschantes plumes: Ainsi deuons nous faire des vices: aprochans Iesuchrist.*

Præpete penna.

L'Aigle esployé, ou à deus testes (suiuant la commune opinion) commença à estre porté en telle sorte, auenant la diuision de l'Empire : lequel du tems de Charlemaigne, fut transferé en Orient & Occident. ou bien, ainsi que dit Lazius (Croniqueur du Roy des Rōmeins) du tems de Constantin, le Grand, lequel diuisa en deus la Republique Rommeine, à sauoir l'une à Romme, & l'autre à Constantinoble.

Attendite vobis.

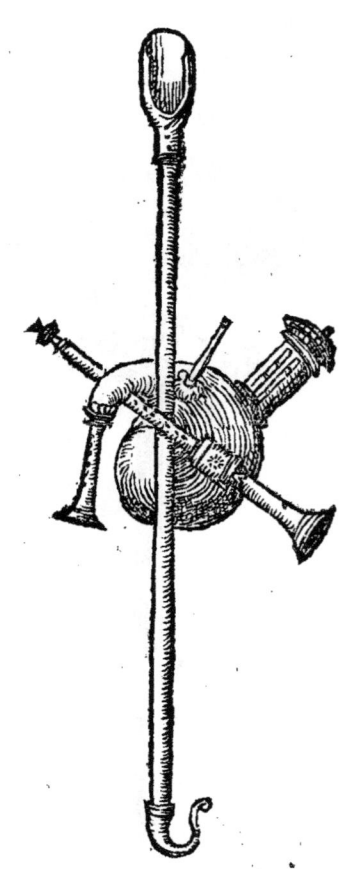

aus Actes 20. Ce seroit un tresgrand bien (pour la tranquilité de l'Eglise Chretienne) que par l'obiect des Instrumens de la champestre Bergerie, les Pasteurs de la Spirituelle, veillassent tousiours à bien faire leur deuoir.

Viuit ad extremum.

La foy, & amour à son Prince, doit durer inuiolable, & sans faute, iusques au dernier bout. Car quelque vent qui auienne, & qui soufle, la foy ne s'en doit iamais esteindre: ains plustot reallumer, tout ainsi que fait le feu au Brasselet de corde d'arquebuzerie.

176 DEVISES
Captiue Liberté.

Appian. *Sortans du Senat les coniurez meurtriers de Iule Cesar, aucuns d'entre eus portoient par Romme, le Chapeau sus une Lance (qui estoit le signe de Liberté, pour estre lors la coutume de donner le Chapeau es Serfs, qui estoient*

estoient quites & francs, & en cette sorte iceus meurtriers alloient par les rues, enhortans le Peuple à repren
dre son autorité Ciuile. De maniere qu'ils cuidoient
adonq, estre en vraye Liberté : combien toutefois qu'il
leur en auint tout le contraire, vû que l'an ne fut paßé,
qu'ils ne fussent tous perdus & tuez. Et par ainsi trouuerent que la licence de commettre vices & meschan-
cetez en ce monde, que nous estimons Liberté, est entierement Seruitute.

Police souuereine,

En la Police souuereine sont deus choses, les Lettres & Plumes, pour le conseil, & l'Espee pour l'execucion.

Superstitio religioni proxima.

Quand le Diable par sa cautele & malice, veut introduire en ce monde quelque grand abus & meschanceté, il tasche tousiours de desguiser & couurir sa menterie de quelque ombre de verité: encores que ce ne soit tout que illusion, sortilege, & enchantement. Ainsi qu'il fit quand premierement il enracina l'opinion & coutume d'Augurer, en faisant croire au Roy Tarquinius Prisc. & au Peuple Rommein, que l'Augure Decius Nauius, auoit coupé auec un Rasoir, l'entiere Pierre aguisoire. — Tite Liue.

De mal me paistz.

Plutarque. Vne Ventose, par son feu, & aplicacion, ne tire que le mauuais sang. Et le meschant en son cœur, ne retient que les mauuaises choses.

HEROÏQVES. 181
Fons inuocantis.

Sanson, inuoquant Dieu à son ayde (se sentant pressé d'extreme soif) fut secouru d'eau diuinement: laquelle adonq vint à fluer par l'une des grosses dents de la maschoire d'Asne, auec laquelle ledit Sanson auoit occis mile hommes. En quoy apert que la simplicité, merite de receuoir la grace de Dieu, par l'infusion desiree de sa sainte parole, qui est la vraye Fonteine viue.

Iuges 15.

Et l'un, & l'autre.

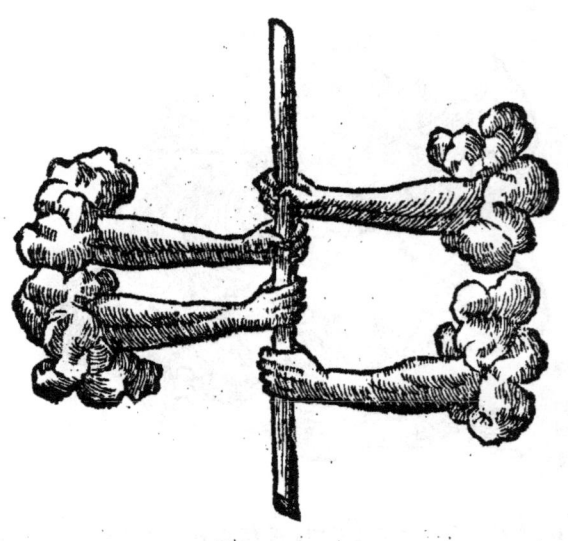

En quelque diferent qui auienne, il n'est possible que l'une des parties puisse côtendre contre l'autre (quelque bon droit, ou force qui y soit) qu'elle n'ayt tousiours sa part de l'ennui & fascherie : si du dommage ne peut auoir. Et en est comme du ieu de la Panoye, auquel n'y ha celui des deus tireurs (posé que le plus fort vienne à emporter le Baton) qui n'y enuoye toute puissance.

HEROIQVES.

Consultori pessimum.

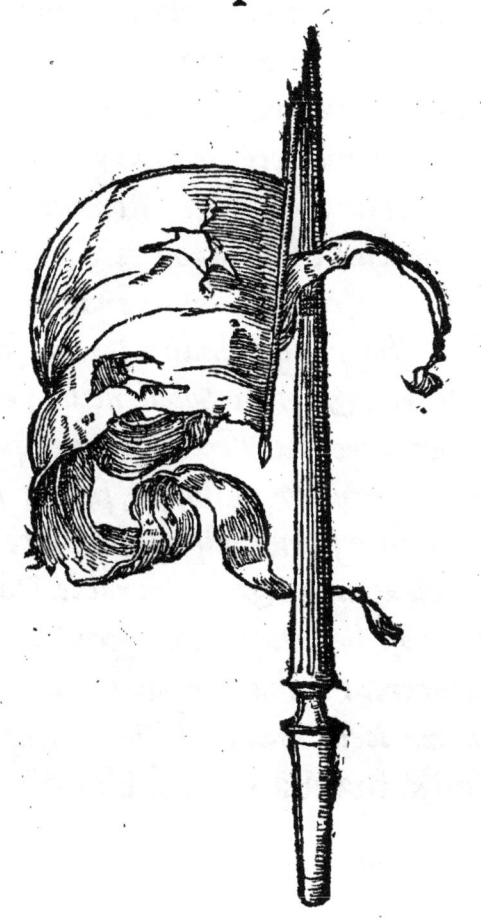

Le mal, & punicion, tombe tousiours sur ceus qui conseillent le mal, ou enseignent de mal faire. Ainsi qu'il en prent es Estandars, Enseignes & Guidons, qui assemblans & tirans les gens à la guerre, aussi sont ce les premieres pieces en danger: & qui ont mal an. Dauan-
tage

tage les concitateurs (en toute querelle & baterie) sont plus punissables & sont les Loix plus rigoreuses contre eus, que contre les frapeurs & bateurs mesmes. Aule Gele, à propos de ceus qui conseillent le mal, recite une histoire de la meschanceté des Augures de Hetrurie, lesquelz ayans esté apellez des Rommeins à cause que la statue d'Horacius Cocles auoit esté frapee de foudre, leur persuaderent (comme leurs ennemis couuers & ocultes qu'ils estoient) que ladite statue fust colloquee en lieu à l'escart, & ou le Soleil ne la pust voir. Dequoy neanmoins furent acusez, tellement qu'apres auoir confessé leur malice & trahison, furent tantot mis à mort. Et fut ladite statue mise en la place publique de Vulcan : en lieu aparent & honnorable. Dont les enfans (estant telle chose heureusement succedee à la Republique) commencerent à chanter par toute la Vile (en desdain & contre iceus mal conseillans Augures) Mauuais conseil, à mauuais conseiller dōmageable.

<small>Aule Gele.</small>

HEROÏQVES.

Vis nescia vinci.

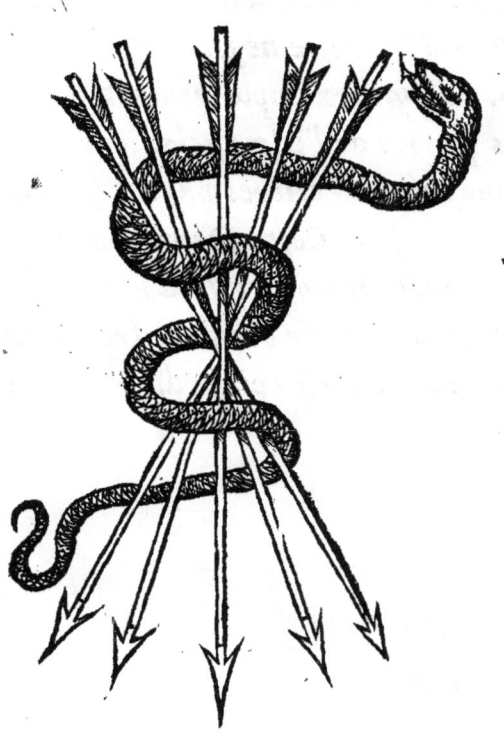

Scylurus Cheronesien (mencionné par Plutarque) laissant à la fin de ses iours octante enfans masles, leur presenta à tous une Trousse ou liasse de dards, à ce qu'ils essayassent l'un apres l'autre, de la rompre. Lesquels toutefois n'en pouuans venir à bout, & lui ayans respondu qu'il n'estoit possible: lui mesmes defaisant icelle Trousse, en rompit tous les dards, separément. Leur remontrant par tel moyen, que tant qu'ils perseuereroient

Plutarque.

d'estre

d'estre vnanimes, & d'un acord, qu'ils seroiēt tousiours puissans & grans : mais aussi là ou ils se viendroient à separer & distraire, ce ne seroit d'eus que foiblesse & abieccion. Mesme exemple pouuoit il aussi mettre en auant des pierres de l'isle Cycladique Scyre, lesquelles (selon Pline) estans entieres, nagent sur l'eaue : & brisees s'en vont à fons. Cette Deuise donques de dards assemblez, suiuāt l'histoire & la nature des pierres, que dessus, sinifie la force de l'union estre inuincible : principalement quand elle est ceinte du bon lien de Prudence.

Pline.

Quis contra nos?

Saint Paul, en l'isle de Malte fut mordu d'un Vipe- Aus Actes 28.
re : ce neanmoins (quoy que les Barbares du lieu le cui-
daſſent autrement) ne valut pis de la morſure, ſecouant
de ſa main la Beſte dens le feu : car veritablement à
qui Dieu veut ayder, il n'y ha rien qui puiſſe nuire.

Maturè.

A mesme argument (ce semble) que l'Empereur Tite Vespasien portoit en Deuise l'Ancre, ensemble le Dauphin, le Pape Paule III. portoit aussi le Cameleon & le Dauphin, ainsi sinifiant tousiours celle lente hatiueté, ou maturité requise en tous afaires, esquelz faut entendre moyennement.

HEROÏQVES.   189

Lux publica Principis ignes.

Le Flambeau de feu ardãt, que se portoit par les Rom-
meins deuant le Prince, (ainsi que lon voit par plusieurs
monnoyes,

monnoyes, ou Medalles antiques, & duquel fait mention Herodian, en ce qu'il traite de l'inauguracion de l'Empereur Gordian) pouuoit euidemment representer, que tel Prince, Empereur, Chef d'armee, Capiteine, ou aussi Preteur, (qui mesmes du regne des Rois auoit charge, & pouuoir de faire droit & iustice es parties) deuoient estre plus clers, plus luisans, & lumiere à tous autres.

Herodian. (marginal note)

In se contexta recurrit.

Benedices Coronæ anni benignitatis tuæ, dit Pſalm. 64.
le Pſalmiſte, faiſant mencion de la grand' grace, que la
bonté, beninité, & prouidence Diuine nous fait : nous
enuoyant annuellement une Reuolucion, coronnee de di-
uerſité de tous biens, s'entreſuiuans & tenans de pres,
ſelon leurs tems, & leurs ſaiſons. Par le Serpent, s'en-
tend l'annee : en enſuiuant l'Egipcienne antiquité.

Phitone perempto.

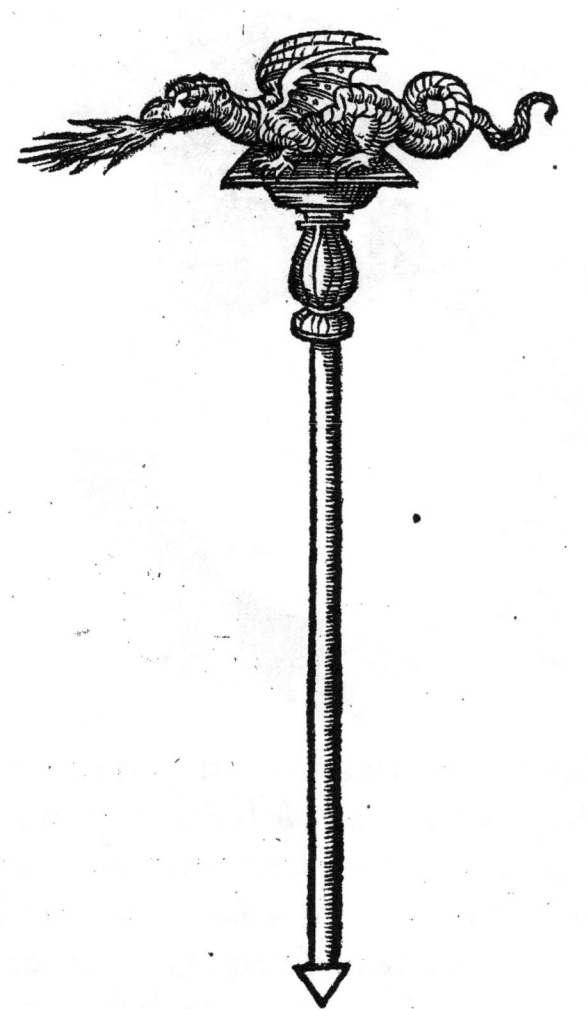

Venant à decliner l'Empire Rommein, & les antiques coutumes à se changer, principalement quant à porter

porter en guerre, auec l'enseigne de l'Aigle, à sauoir celles du Loup, du Minotaure, du Cheual, & du Sanglier fut mise sur celle du Dragon: (amplement mencionnee par Claudian) laquelle pouuoit representer & signifier Vigilance.   Claudian.

194   DEVISES

Cœlo imperium Iouis extulit ales.

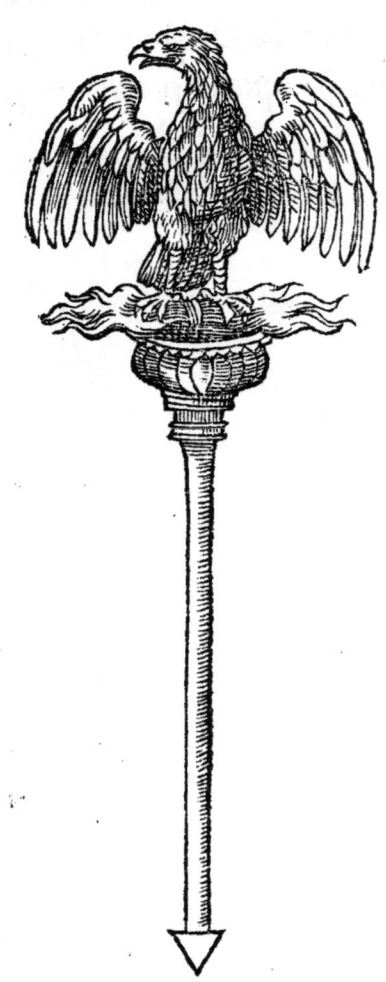

La principale Deuise des enseignes des Rommeins, estoit l'Aigle : ce qu'elle est encores à present du saint Empire, & fut preferee es autres par C. Marius: lequel estant

estant paruenu à second Consulat, la dedia entierement
es Legions: selon Pline. l'Aigle donques, pour estre Pline.
l'Oiseau creint & redouté de tous les autres, & (comme lon dit) leur Roy, aussi ha esté choisi pour remerquer
le Peuple & la nacion plus grande ; & qui ha subiu-
gué assugetti & mis sous le ioug, toute autre. Vray est
dauantage que les Rommeins faisoient à leur enseigne
de l'Aigle porter l'image de la Foudre, comme estant
dedié à Iupiter & portant ses armes : & aussi pour
n'estre l'Aigle iamais frapé de la Foudre : selon Pline.

Infestis tutamen aquis.

Dion. L'Empereur Sergius Galba, ne fit comme les autres Empereurs successeurs d'Auguste, (l'image duquel ils portoient en leurs Anneaus de cachets) mais sina de la Deuise de ses parens & ancestres: qui estoit d'un Chien se baissant, & comme sautant du haut de la prouë d'un Nauire en bas, qui pourroit estre sine de bon guet, & vigilance en grand peril & danger.

Antidoti salubris amaror.

Le moyen de faire notre salut, git en l'imitacion du mistere de la Passion, & Croix de notre Redemteur: qui est (ainsi qu'il est dit ci deuant) de paciemment por-

ter les tourmens & afliccions du monde, & par ainſi gouter (auec inuocacion du Nom de Dieu) de l'amertume de ce miſtiq Calice ſalutaire, diſant un chacun de nous auec le Pſalmiſte : Quid retribuam Domino pro omnibus quæ retribuit mihi ? Calicem ſalutaris accipiam : & nomen Domini inuocabo.

Pſalm.115.

HEROÏQVES. 199
Cessit victoria victis.

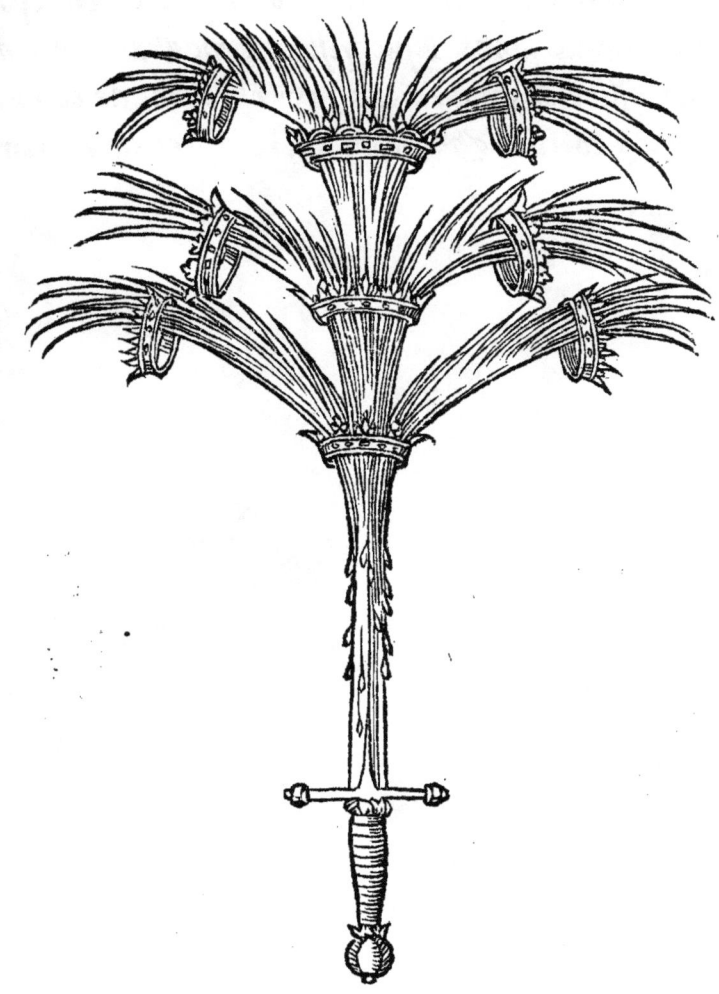

La sanglante Espee du supplice des saints Martirs,
se conuertit en Palmes de perpctuelle victoire : portans
Coronnes de regne immortel. Et non seulemẽt sont apellez

lez Martirs ceus qui espandent leur sang pour la Foy,
mais aussi ceus qui pour paruenir au regne celeste, portent leur Croix apres Iesuchrist : en endurant paciemment les afliccions, tourmens, & oprobres de ce monde, en quoy consiste & git, un autre espece de martire.

Flauescent.

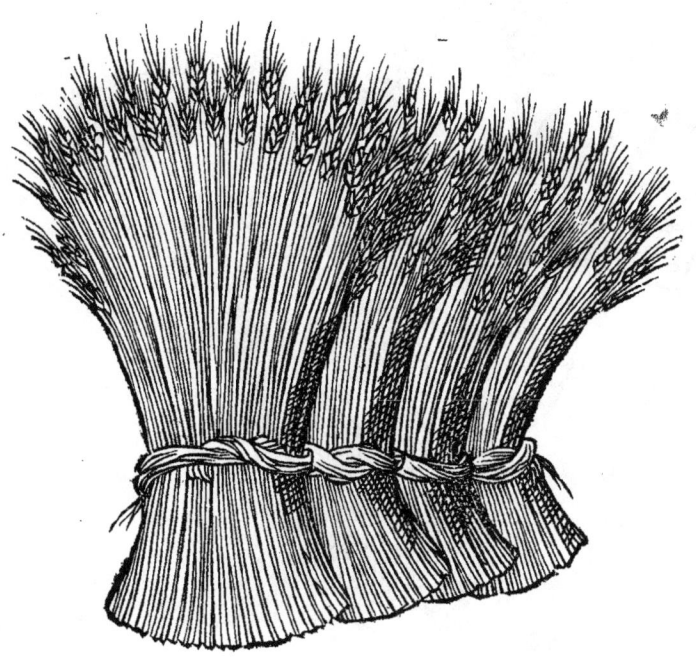

Le feu Signeur Horace Farnese, Duc de Camerin, auoit pour sa Deuise quatre Gerbes verdes, en sine (selon mon auis) que la ieunesse d'un Prince doit paruenir à quelque bonne & parfaite maturité.

Vt lapsu grauiore ruant.

Pline. *Il y ha perpetuelle inimitié entre le Dragon & l'Aigle : de sorte qu'ils ne se rencontrent fois, qu'ils ne s'atteingnent ou combatent. Et sont leurs combats plus perilleus, d'autant qu'ils s'attaquent en l'air : là ou le Dragon entortillant sa queue à l'Aigle, tombent souuent tous deus en bas. Et ainsi void on souuët auenir de deus orguilleus, fiers, & hauteins, qui estans tousiours incompatibles, coutumierement se poursuiuent & cherchent,*

chent, iusques à s'empongner & batre: ou bien s'ils
peuuent se destruire. Car d'autant que plus ils s'esti-
ment, s'enleuent, & haussent, & plus se mettent en
danger de receuoir un plus grand coup.

Victrix casta fides.

Es Cordeliers d'Auignon, sur le tombeau de Dame Laure, (tant celebree par Petrarque) est en armoiries sa Deuise : qui est de deus Reinceaus de Laurier trauersans, une Croisette sur le tout, ensemble une Rose sur l'escusson : ainsi (peut estre) representant, qu'au moyen de sa sainte foy, & chaste amour, elle ha esté victorieuse, sur les mondeines afeccions.

Ipsa suæ testis victoria cladis.

Auiourdhui se retrouue encores de la monnoye antique, qui (selon son inscripcion) ha esté batue au nom de l'Empereur Vespasian, en laquelle est imprimee une Deuise d'un grãd Palmier, chargé de fruit. Or est ce un arbre prouenant naturellement & abondant en Iudee, region qui aussi fut conquestee par le susdit Empereur. Et pour autant le Palmier en cet endroit, pourroit representer tant ledit païs, que aussi pareillement la conqueste & desolacion d'icelui.

Malo vndique clades.

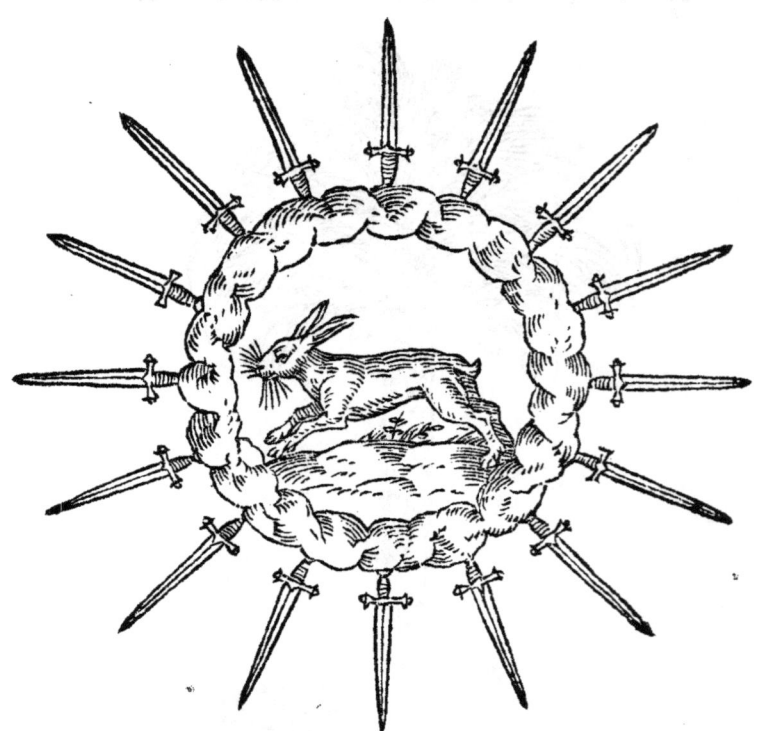

L'eſpee & glaiue par dehors, & le Lieure, ou la creinte par dedens, eſt en ſine qu'il n'y ha lieu de ſeur acces pour les mauuais & malins : qu'ils ne ſoient touſiours en danger de punicion diuine, tant es chams, qu'en la vile: & de corps, & d'eſprit. Car ainſi ſont menaſſez meſmes (entre autres infinis paſſages des ſaintes eſcritures) par ce propre trait Moſaique : Foris vaſtabit eos gladius, & intus pauor. Ils ſeront pourchaſſez par dehors à coups d'eſpee, & par dedens eſtonnez de creinte, frayeur, & eſpouuantement.

Grandeur, par grand heur.

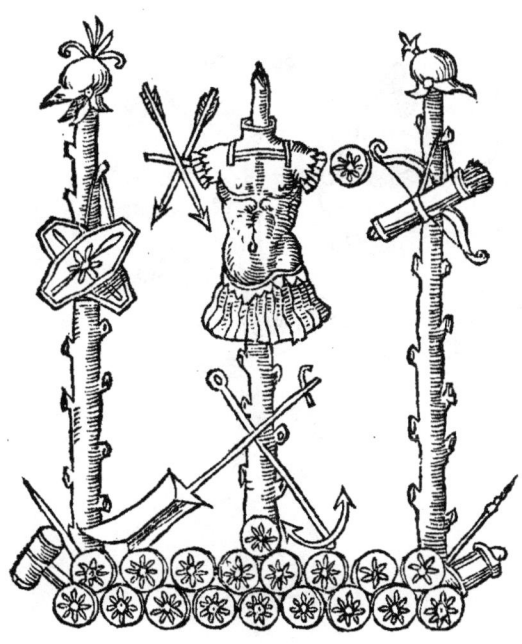

En l'Anneau de cachet de Pompee le Grand (comme recite Dion) estoient grauees trois Trophees: ainsi qu'en celui de Sylla, euidente Deuise (pour vray) de la memoire & témoignage de leurs plus grãdes, & plus memorables victoires.

Improbitas subigit rectum.

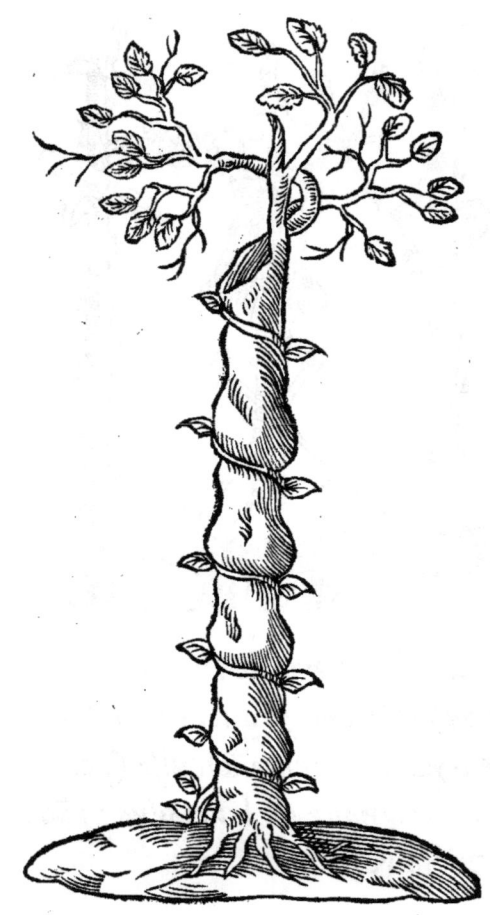

Le Lierre croissant aupres d'aucun bois droit, le gate & ruïne par son entortillement. Aussi (comme lon dit communement) Le tort bien mené, peut rendre le droit inutile.

Pacis & armorum vigiles.

Par le reueil & horloge du Coq, & celui de la Trompette, peut on iuger quelle diference il y ha entre les repos, ou de la Paix, ou de la Guerre.

De paruis grandis aceruus erit.

De l'Espic, à la Glenne, & de la Glenne, à la Gerbe. Ainsi le poure, bien auisé, bien conseillé, & diligent, se peut aiser & moyéner des biens. Esquelz neanmoins Dieu lui faisant la grace de paruenir, faut qu'il s'arreste & mette son but, à la tresheureuse sufisance : qui est le comble de richesse. Se souuenant tousiours à ce propos d'un beau huitein, qui s'ensuit : Duquel toutefois, si ie sauoye le nom de l'Auteur, ne seroit ci non plus teu,

que

que partie du los qu'il merite.
De moins que rien, lon peut à peu venir:
Et puis ce peu, n'a si peu de puissance,
Qu'assez ne fasse, à assez paruenir,
Celui qui veut auoir la sufisance.
Mais si au trop (de malheur) il s'auance,
Ne receuant d'assez contentement,
En danger est, par sa fole inconstance,
De retourner à son commencement.

Là, le danger.

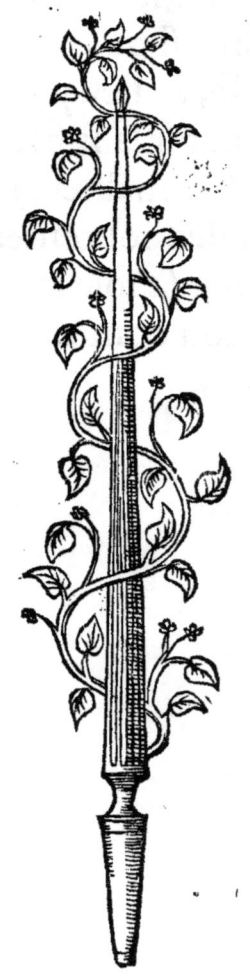

La statue de Baccus, en Lacedemone, tenoit une Lance, prinse & enuironnee de Lierre: duquel aussi estoit couuert le fer de ladite Lance. Qui ainsi pouuoit designer,

gner, que ce n'est point par force, que les guerres se meinent & gouuernent: mais bien par certeines inuolucions de conseils, intelligences, pratiques, & menees, à la pacience desquelles sont tousiours sugetz tous efforts, & impetuositez belliques.

Nodos virtute resoluo.

Par la Deuise de Monsigneur le Mareschal de saint André, qui est du bras & espee d'Alexãdre le Grand, coupant le Nœud indissoluble, en Gordie, palais antique de Midas, se pourroit entendre (selon mon auis) certein moyen que tient ledit Signeur à rendre par vertu faciles & aisees, les choses estimees de plusieurs dificiles & impossibles.

Turpibus exitium.

Tout ainſi que l'Eſcarbot ſe nourrit & vit entre les ordures & voirie, & au cõtraire languit & ſe meurt emmi les Roſes. Auſſi les ords voluptueus: ne peuuent porter la ſuauité de l'odeur des bonnes choſes: mais ayment mieus touſiours à ſe trayner en leur puanteur, vilennie & meſchanceté.

Vnius compendium, alterius stipendium.

Si un Serpent ne mangeoit l'autre, iamais ne deuiendroit Dragon. Ainsi les Riches & puissans, croissent au dommage d'autrui.

Confilio firmata Dei.

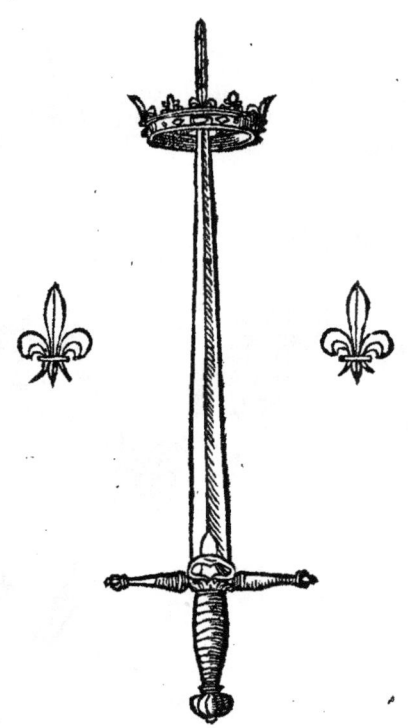

L'eſpee couronnee, enſemble deus fleurs de Liz, re- Eng. de Mon-
luiſans iadis en l'enſeigne de la Pucelle d'Orleans, eſt ſtrelet.
un perpetuel moniment de la defenſe & proteccion de
France.

Etiam Fortunam.

Pline. M. Sergius, Cheualier Rommein, ayant souuent combatu à l'encontre d'Annibal, & esté par lui prins deus fois prisonnier, & neanmoins par ruse tousiours eschappé de ses mains, perdit finablement en une bataille la main dextre. Dont depuis fut contreint de combatre de la gauche en quatre batailles. Toutefois par ce qu'il ne s'e aydoit pas si bien que de la droite, se fit enter une main de fer, de laquelle il combatit depuis si vaillamment, qu'il print & deffit en Gaule, douze camps des ennemis

*ennemis des Rommeins. Dont dit Pline, qu'il ne sçet
homme qui merite d'estre preferé audit Sergius: lequel
par sa vertu, prouësse, & vaillance, en veinquant mesmes la Fortune, merita un nombre infini de Couronnes.*

Sic sopor irrepat.

Annales de France.

Comme Gontran Roy de Bourgongne (trauaillé de la chasse) s'endormit es chams sus un sien Escuier, pres d'un petit ruisseau, lui sortit de la bouche un petit bestion, qui s'en alla droit audit ruisseau, lequel il marchandoit de passer. Ce que contemplant l'Escuier, tira son espee qu'il mit à trauers le ruisseau, & ainsi passa le bestion par dessus, puis s'en alla dens un petit pertuis estant au pié d'une montagne, de là reuenant au ruisseau, repassa comme deuant sur l'espee: & rentra dens la bouche du Roy: lequel sur ce point s'esueillant, recita un sien songe à sondit Escuier, & coment il auoit passé une riuiere sus un pont de fer, & auoit esté dens une cauerne, sous une montagne, là ou il auoit vû de bien riches

*riches & grans tresors. Quoy entendant son Escuier,
lui conta ce qui estoit auenu pendant son somme, de ma
niere que ce Roy fit creuser la montagne, en laquelle il
trouua force richesses, lesquelles il distribua es poures,
& Eglises, mesmes en fit couurir d'or la chasse saint
Marchel lez Chalon sur Saone, là ou il git.*

DEVISES
Ie l'enui.

Au tems de la langueur & maladie de Charles VI.
de ce nom, Roy de France, que le Duc Louïs d'Orleans
son frere contendoit contre le Duc Ian de Bourgongne,
pour le fait du Gouuernement & aministracion du
Royau

HEROÏQVES. 223

Royaume, ledit Duc d'Orleans (prouoquant son ennemi à la guerre) chargea la Deuise du Baton noueus, se iactant ainsi, que là ou il fraperoit, la bigne s'y leueroit. Et dauantage portoit escrit en ses enseignes IE L'EN-VI. Deuise certes malheureuse, & contreuenant (comme peruertie) au bien qui doit proceder des bonnes, lesquelles sur toute chose consilient Paix & amour, mais au contraire cette ci poingnant de trop pres ledit Duc de Bourgongne au cœur, le mit de telle sorte hors des gens de raison, que le dãgereus Prince machina la mort dudit Duc d'Orleans, lequel tantot apres à Paris fut occis à la porte Barbette.

Monstrelet.

Hic houd.

Le Duc Ian de Bourgongne, nommé ci deuant, venu au meschant ieu de la guerre, que son auersaire auoit enuié : porta aussi en ses enseignes escrit en Flamand, HIC HOVD. qui est à dire, IE LE TIENS, prenant encores pour Deuise le Rabot, pour aplaner le Baton noueus d'Orleans, selon l'indice de telle Deuise. Laquelle (côme la deuantdite) donnant ocasion à mal, & estans toutes deus plustot trompettes de sedicion, que Deuises causerent (en partie) une infinité de malheuretez : & sur tout la mort de ces deus puissans Princes : car comme il est dit ci deuant, ledit Duc de Bourgongne ayant fait occire le Duc d'Orleans, fut aussi un tems apres, meutri meurtri à Montereaufautyonne. De cette Deuise du Rabot, se void la statue dudit Duc de Bourgongne sur sa sepulture es Chartreus lez Dijon: toute semee de Rabots d'or, auec leurs coupeaus, ou esclats.

226 DEVISES

Cæcus amor prolis.

Pline. *Le Singe, naturellement ayme tant, & est tant fol de ses petis, qu'en les embrassant & acolant, les estreint si fort, que souuent les opresse, & tue. Et ainsi fait comme plusieurs peres, qui amignardent tant, & sont tant douillets, & tendres de leurs enfans, qu'en fin n'en font chose qui vaille.*

Supplicio laus tuta semel.

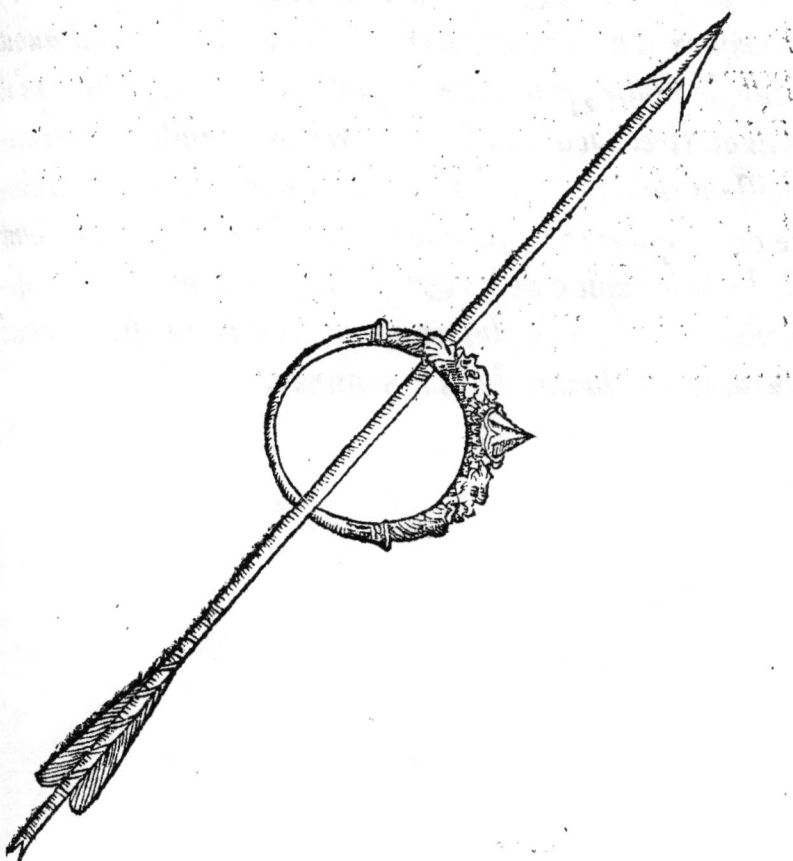

Vn Indien que lon disoit estre si bon archer & dextre à tirer à l'arc, qu'il passoit sa flesche, de loing par dedens un anneau) estant quelque fois importuné & pressé, de tirer par le commandement d'Alexandre, ne pour cela, ne s'y voulut iamais acorder, ce que voyant le

Roy,

Roy, commanda qu'on le pendiſt. Donq, cõme on le menoit au ſuplice, & qu'on l'interrogeoit (ce pendant) pourquoy il ne vouloit tirer, il fit reſponſe, qu'il auoit peur de faillir, pour autant qu'il y auoit long tems qu'il n'auoit tiré. Dequoy eſtant auerti Alexandre, & connoiſſant qu'il ne le faiſoit par cõtumace, mais par creinte de moquerie : le fit adonq relacher : s'eſmerueillant de l'eſprit cupide de los & gloire, & dauantage conſiderant, qu'il auoit pluſtot aymé mourir, qu'eſtre trouué aucunement indine de ſa renommee.

HEROIQVES. 229
Omnis caro fœnum.

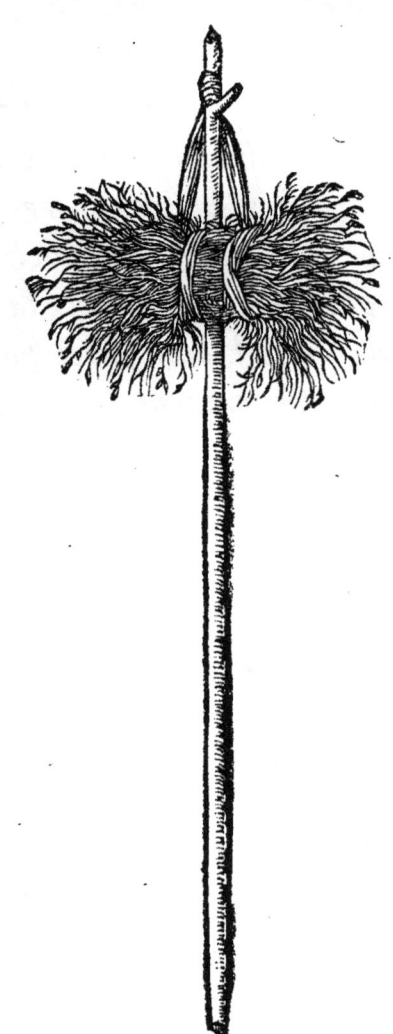

Si la nacion & le Peuple, lequel (en vain) ha plus
tourmenté le monde, que point d'autre, (se cuidant touſiours

iours agrandir, & immortaliser en icelui) uſt peu faire tant de ſon proufit, que de contempler en l'enſeigne de Romulus, ſon auteur & fondateur, ce qu'elle pouuoit Seruius. repreſenter, pour eſtre d'un Manipule, ou boteau de Foin, Ouide. ſus une Lance, il ne ſe fuſt tant rompu le corps, ny paſſionné l'eſprit : connoiſſant la mutacion & fragilité de toutes choſes, eſtre ſi brieue & ſi ſoudeine. Et principalement des corps charnelz : deſquels la generale & Iſaïe 40. tant hatiue mortalité, eſt acomparee par le Profete, au Foin, de verd en ſec tombant : & fleur des chams tantot fanee.

Tolle voluptatum stimulos.

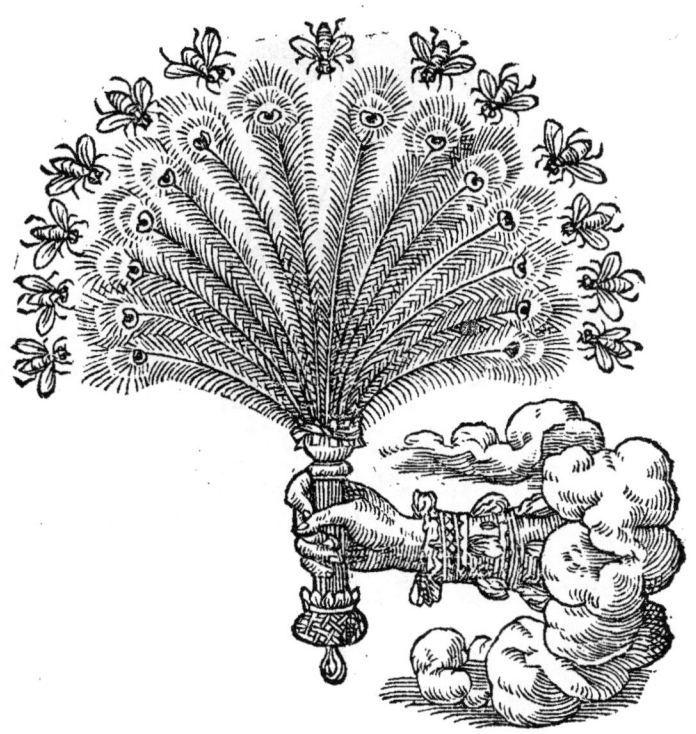

Ainsi que par l'Esmouchoir, (mesmes de plumes de Paon, ou sont figures d'yeus ouuers) sont chassees & espouuantees les Mouches. Aussi deuons nous veiller, & efforcer de reculer de nous, les voluptueus apetiz, & charnelles concupiscences.   S. Hierome.

Paix outragee, se rend vengee.

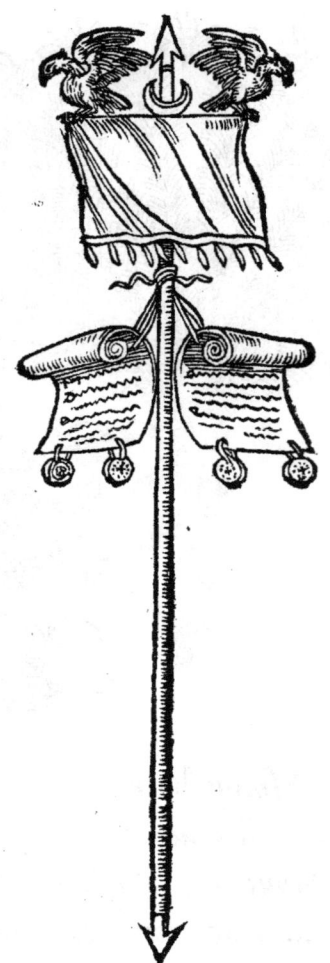

*Au tems de l'Empereur Zenon, les Perses se vin-
drent payer de leurs merites, au rapeau de leur meschan
ceté: car cuidans surprendre les Rommeins, & gaigner
l'enseigne*

l'enseigne Imperiale, à laquelle estoiët attachez les trai- Procopius.
tez de Paix par eus adonques violee, tomberent la pluspart dens une fosse, à eus dressee sutilemët. De sorte que
dens icelle furent attrapez iusques au Roy & ses enfans. Dauantage ne se sauuant encores le reste de l'armee que tout ne fust deffait par ambuscade.

Rerum Sapientia custos.

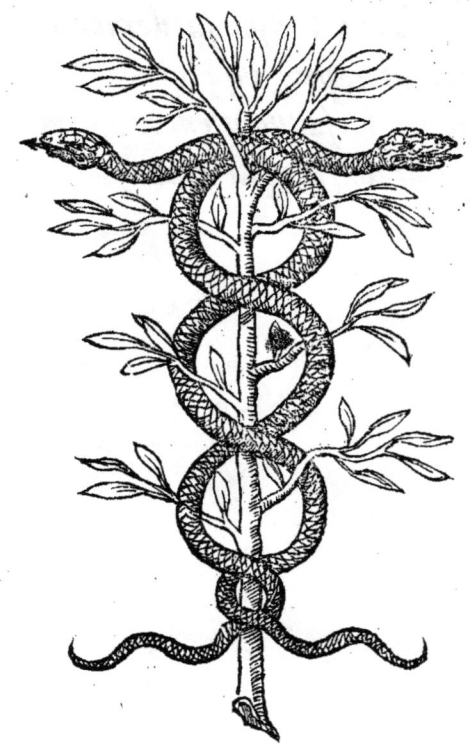

Madame Marguerite de France, tresillustre Duchesse de Berri, fait sa Deuise de l'Oliue, ensemble du Serpent, sinifiant ainsi, toutes choses estre regies, & gouuernees par sapience, ou sagesse.

HEROIQVES. 235
Discite iusticiam moniti.

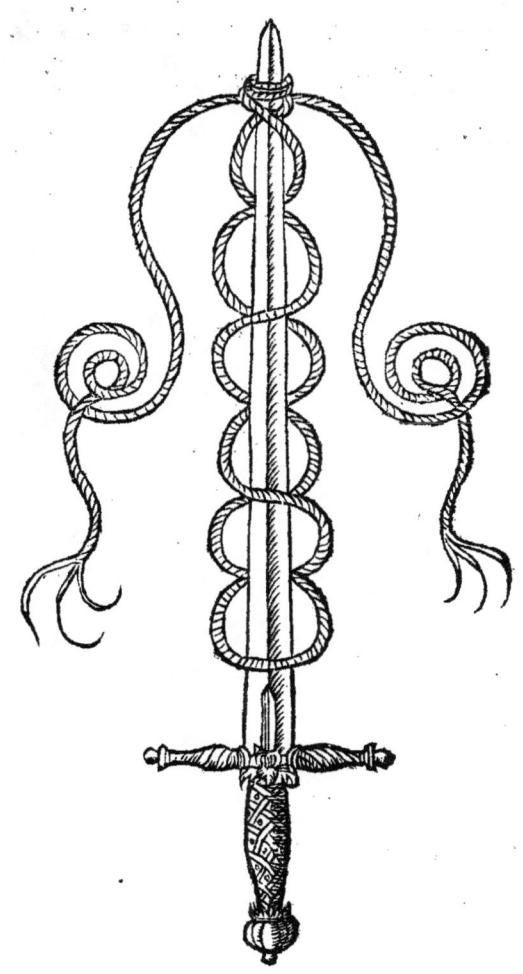

Basanus, Roy des Sicambriens, fils du Roy Diocles, marchant en quelque lieu que ce fust publiquement, faisoit tousiours porter deuant soy une Espee nue, & une Corde:

Corde : en sine de bonne Iustice. Et fut ce Roy si grand iusticier, (entre autres siennes perfeccions & vertus) qu'il n'y eut pas mesmes son propre fils de tous transgresseurs de la Loy, qu'il ne fist mourir, ou punir rigoreusement.

Concussus surgo.

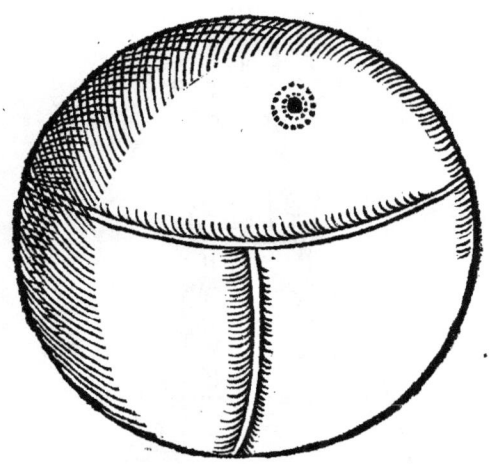

La Basle de vent (à iouer) estoit portee en Deuise, par feu Monsieur l'Amiral de Chabot: ensemble le mot sus escrit, declarant assez ladite Deuise.

Hac virtutis iter.

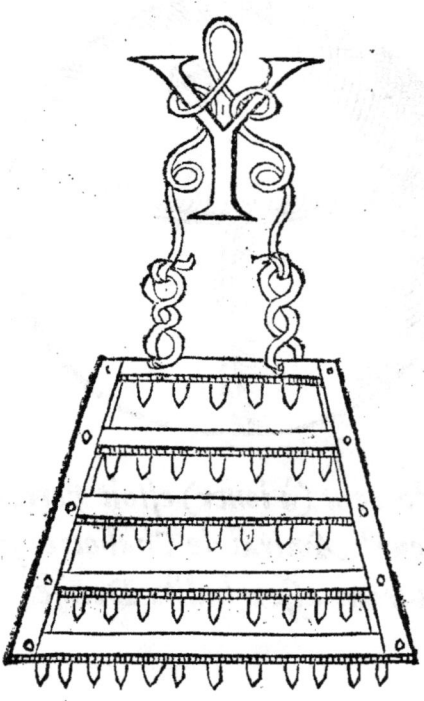

La Herſe tenant & liee à la lettre Pythagorique, que portoit iadis en ſa Deuiſe M. Pierre de Moruillier, Chancelier de France (ainſi qu'il apert en l'Egliſe ſaint Martin des chams, à Paris) demontre aſſez que par labeur, l'on peut paruenir à Vertu.

Hoc Cæsar me donauit.

Charles VI. de ce nom, Roy de France, desirant de perpetuer la memoire de la prinse qu'il auoit faite en la forest de Senlis, d'un Cerf qui auoit au col une chaine, ou colier de cuiure doré, auquel estoit escrit en lettre ancienne HOC CÆSAR ME DONAVIT, print pour sa Deuise un Cerf volant: ayant une couronne au col.

240   DEVISES

Victo seculo.

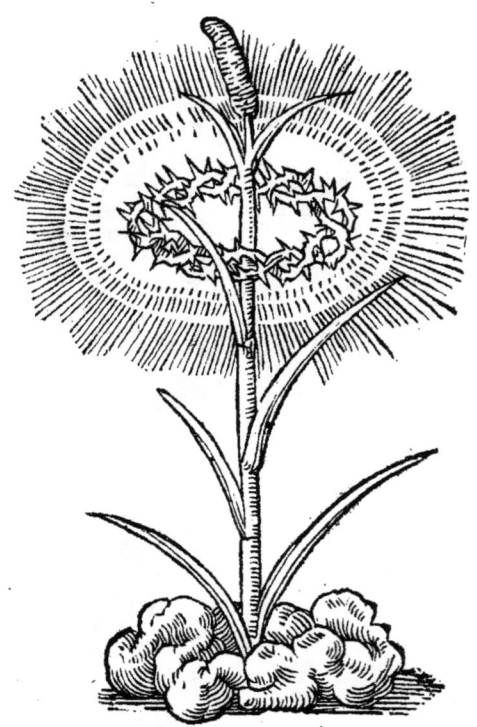

La Deuise de la couronne d'Espines, ensemble du Roseau de la passion de notre Sauueur Iesuchrist, est en sine de son regne celeste & eternel, de sa victoire sur le monde, & sur le Diable, Prince d'icelui.

HEROÏQVES. 241
Terriculum noxæ.

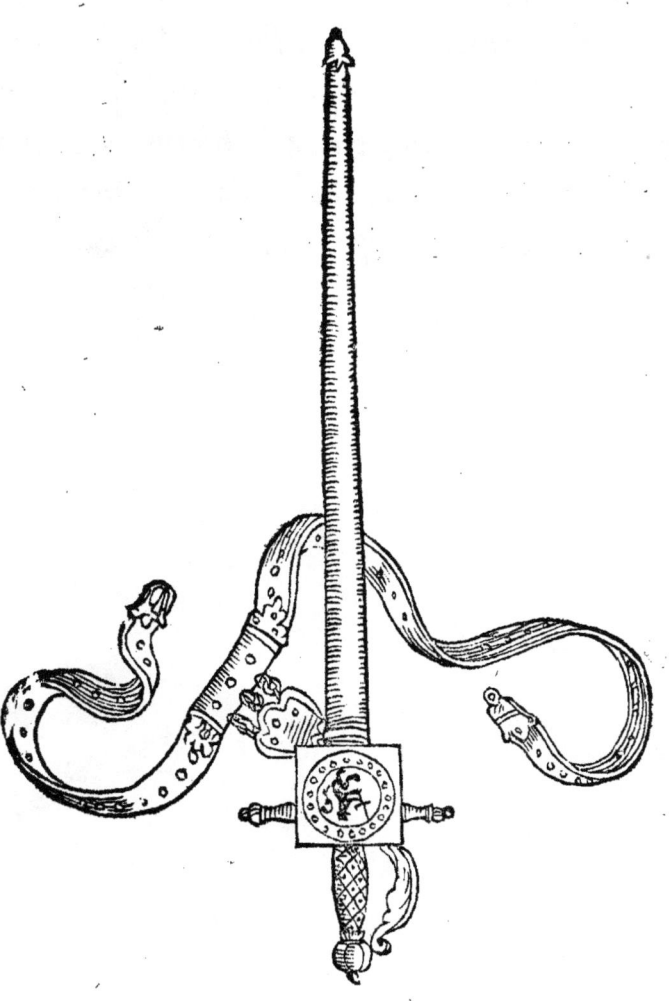

Pompee le Grand estant creé Chef d'armee, & Syl- *Plutarque.*
la l'enuoyant en Sicile, non seulement se porta en Prince
preus, hardi, & vigilant, mais aussi se gouuerna tres

q equit

equitablement : viuant en iuste Capiteine : de sorte que ceus de ses gens qu'il entendoit s'estre debendez, & tenir les chams pour piller & mal faire, il les faisoit grieuement punir. En outre, & sur tout aussi pour brider ses auant coureus, & les garder de blecer ou molester quelqu'un, il leur seeloit, ou cachetoit diligemment toutes leurs espees auec ses propres anneaus de cachets.

Hic terminus hæret.

Les grans Signeurs & nobles personnages pour obuier à ce que l'affluence & felicité des biens, richesses & honneurs, ne leur vienne à empescher la memoire de se souuenir qu'ils sont hommes, ont tousiours vertueusement tendu à se moyenner quelque representacion de la fin : Ainsi comment fait encores à present M. de Boizi, grand Escuier de France, portant en sa Deuise la Souche estronquee, abatue, & tombee, auec le mot sus escrit.

Mihi pondera luxus.

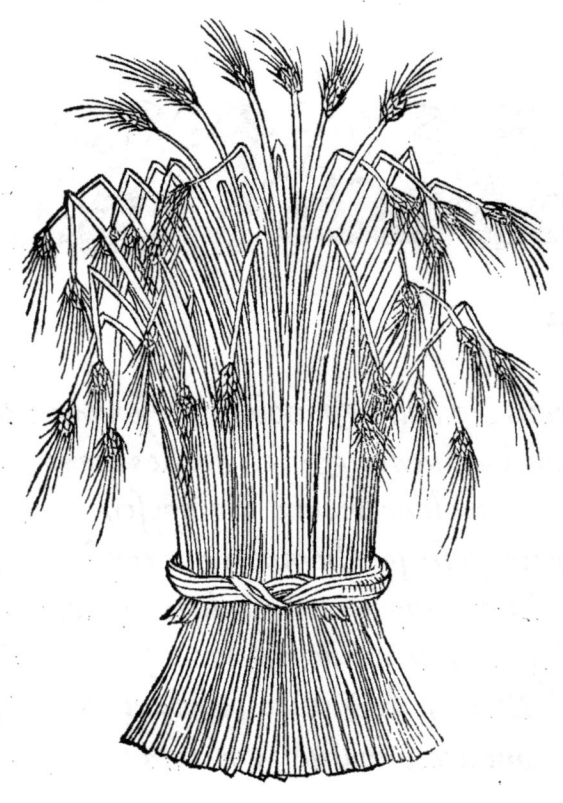

Seneque. *Tout ainsi (dit Seneque) que la grande fertilité & pesanteur de greins, rompt & renuerse les pailles des Blez: aussi fait l'aise & immoderee felicité, noz esprits & entendemens.*

Nil amplius optat.

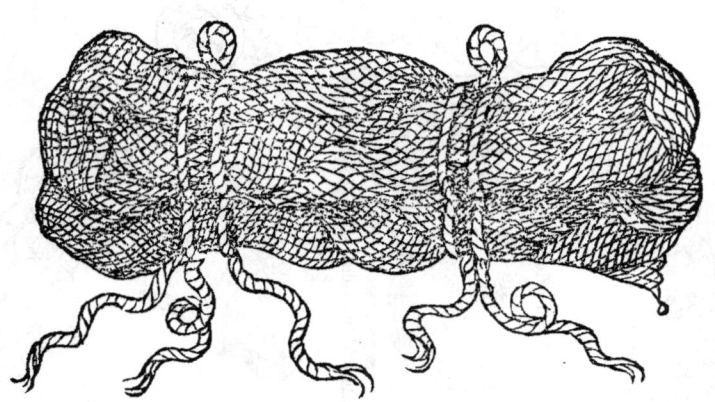

Vne autre Deuise d'aucuns Retz pliez, est aussi figuree auec la precedente: pouuant denoter une suffisance, repoussant le desir de l'enuieuse chasse des choses passageres, vaines, & muables.

246   DEVISES
Num flatus telluris honor.

Code 12. liure
tilt.de Prętor.

*La coutume des Rommeins estoit, que les habitans
& sugetz de leurs Prouinces faisoient present à ceus
qui entroient nouuellement en ofices de Prefecture pe-
regrine, ou Preuoté & Presidence prouinciale (pour
leur ioyeus auenement) A sauoir de sept solz par teste,
une Mote, ou Gazon de terre, une Clef, & une Basle
ou Sachet, de forme Sherique. Le Gazon, en sine qu'il
failloit que le President deuoit donner tel ordre, que les*
viures

viures ne fuſſent chers : mais tenus à pris ſi raiſonnable,
qu'il n'y ſuruinſt cherté, ny famine. Et dauantage, que
icelui Preſident ſe gouuernaſt ſi diſcrettemẽt,à l'endroit
des ſugetz,qu'il leur ſemblaſt auoir reçu de lui un chãp,
pour une mote de terre. Le preſent de la Clef, la liberté,
l'autorité, & pleine puiſſance de iuriſdiccion. Et la Baſ-
le, repreſentoit grande puiſſance : comme lon lit qu'A-
lexandre interpreta la ſinificacion de la Basle, Boule,
ou Globe, que lui enuoya le Roy Daire : ou bien ladite
Basle montroit la totale aminiſtracion du gouuernement militaire.

Me pompæ prouexit apex.

La plus grande recompense, ou plus grand loyer que les antiques Rommeins estimassent faire aus Chefz d'armee, Empereurs, Capiteines, & Cheualiers victorieus, c'estoit de les gratifier & honorer (selon toutefois leurs merites, estats, charges, & degrez) de certeines belles Couronnes : qui generalement, (à cette cause) furent apellees Militaires. Desquelles (pour auoir estees indice & enseignes de prouesse & vertu) les figures des principales

cipales & plus nobles, font ci tirees en Deuifes: tant à la louenge & memoire de l'antique nobleffe, que pareillement à la recreacion, confolacion, & efperance de la moderne, afpirant & defirant aufsi de paruenir aus gages & loyers, apartenans & dediez aus defenfeurs de la recommandable Republique. La premiere donques mife en reng, reprefentera la Trionfale: laquelle eftant tiffue du verd Laurier, auec fes bacques, eftoit donnee au Trionfateur, auquel par decret du Senat, eftoit licite de trionfer parmi la vile de Romme, fur chariot, comme victorieus de fes ennemis. Defquelz neanmoins lui conuenoit, auant la pompe, faire aparoir de la deffaite, du nombre parfait de cinq mile, en une feule bataille. La fufdite Couronne trionfale, apres long trait de tems, (declinant l'Empire) fut commencee à eftre meslee,& variee de Perles & pierrerie,& puis entieremēt changee de Laurier naturel, en Laurier buriné, & enleué, fus un cercle d'or: comme fe void par les Medailles, de plufieurs monnoyes antiques.

p f

Merces sublimis honorum.

Au Capiteine, ou Cheualier, ayant soutenu un siege, estoit donnee la Couronne Obsidionale: ou Graminee: par les deliurez & gardez de l'ennemi. Et nonobstant que telle Couronne, fust seulement de Gramen (prins en cet endroit generalement pour toutes herbes qui se trouuoient, & lesquelles ils pouuoient arracher sur le lieu, incontinent au leuer du siege) si est ce, que (selon Pline) c'estoit la plus honorable de toutes: plus noble, & plus dine d'estre estimee.

HEROÏQVES.

Seruati gratia ciuis.

La Couronne, apellee Ciuique, estoit donnee par le Citoyen, au Citoyen qu'il l'auoit sauué en guerre : en representacion de vie sauuee. Et estoit celle Couronne, tissue de fueilles, ou petis rameaus de Chesne: pour autant qu'au Chesne, la vieille antiquité, souloit prendre sa substance: son manger, ou sa nourriture.

Excidij turribus honos.

La Couronne Murale (qui estoit d'or, faite en forme de creneaus de Vile) estoit aussi donnee par le Chef d'armee, ou Empereur, à celui qui premier gaignoit la muraille : se gettant maugré les ennemis, par force dedens leur vile.

HEROÏQVES.

Hoc valli insigne recepti.

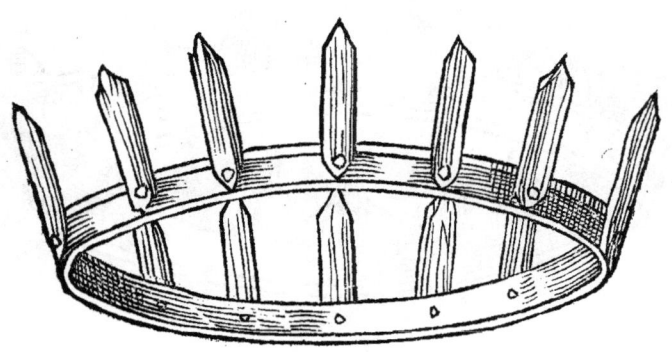

La Couronne Castrense, Vallaire, ou Palissee, aussi faite d'or, en maniere toutefois de Paus, ou Palis, estoit donnee par le Chef d'armee, ou Empereur, au premier qui (en combatant) entroit au camp des ennemis.

Claffis monumenta subacte.

En guerre Nauale, le premier qui venoit par force à saillir tout armé dens le Nauire, ou Galere des ennemis, estoit honnoré de la Couronne d'or, remerquee ainsi que de Rostres, ou Prouës de vaisseaus de mer, qu'on apeloit Couronne Nauale.

In hunc intuens.

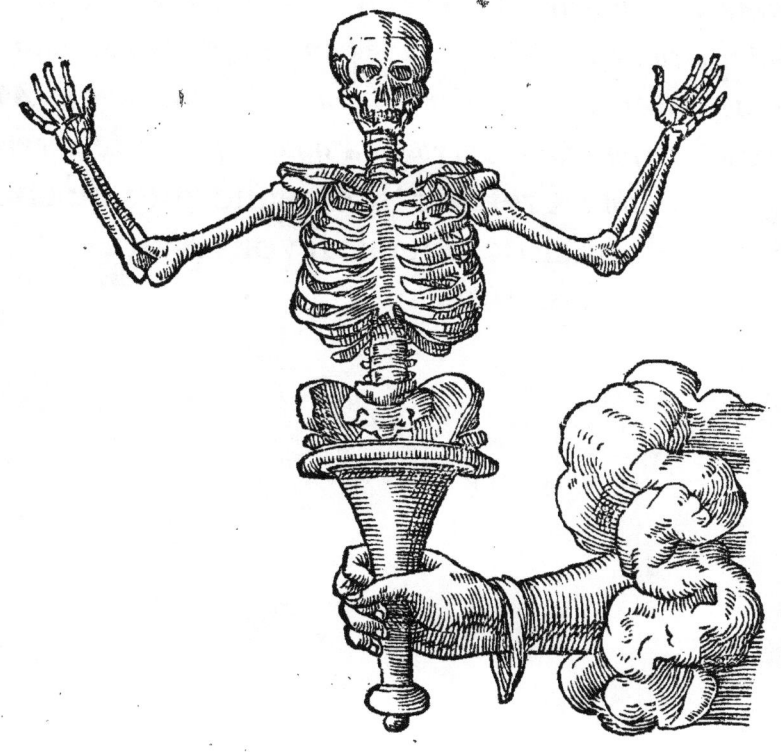

Quand plusieurs des antiques Egipciens venoient à banqueter de compagnie, la coutume estoit que pendant le repas, l'un d'entre eus portant une image ou simulacre de Mort, s'en venoit le montrer à un chacun de tous les assistans : en leur disant l'un apres l'autre, Voy tu? Regardes bien que c'est que cela, faiz tant bonne chere que tu voudras, car ainsi te faut deuenir. De l'auertissement & memoire de la fin, recite
aussi

Isidore. aussi Isidore, qu'à Constantinoble estoit l'ancienne coutume, que au iour du couronnement de l'Empereur, comme il estoit en sa plus grande pompe & gloire, seant au trone Imperial, se presentoit un masson deuant sa Magesté, lui montrant de trois, ou quatre sortes de Pierres, & lui disant: Trescher Sire, plaise vous de choisir & ordonner, de laquelle il vous plaira que lon fasse votre sepulture.

HEROÏQVES. 257

Victoria limes.

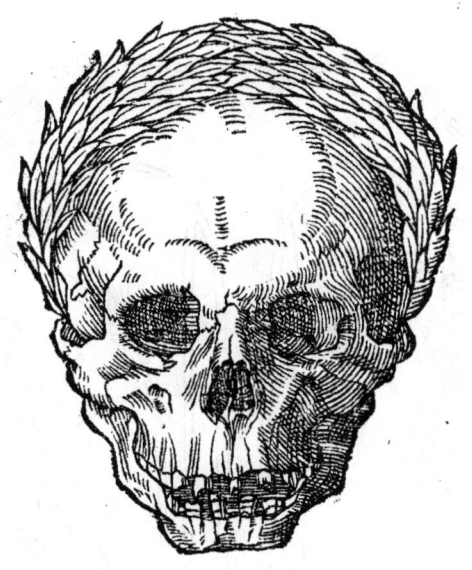

Epictete Filozofe, eſtant interrogé par l'Empereur Adrian, pourquoy c'eſtoit, que lon couronnoit un Mort, lui reſpondit que c'eſtoit en ſine & témoignage, qu'il eſtoit eſchapé, & auoit paſſé outre les trauaus, combats, miſeres, & pouretez de cette vie. De ce couronnement des Morts, eſt fait mencion en Pline, diſant qu'ainſi les Pline. portoit on enſeuelir.

r

Spes altera vitæ.

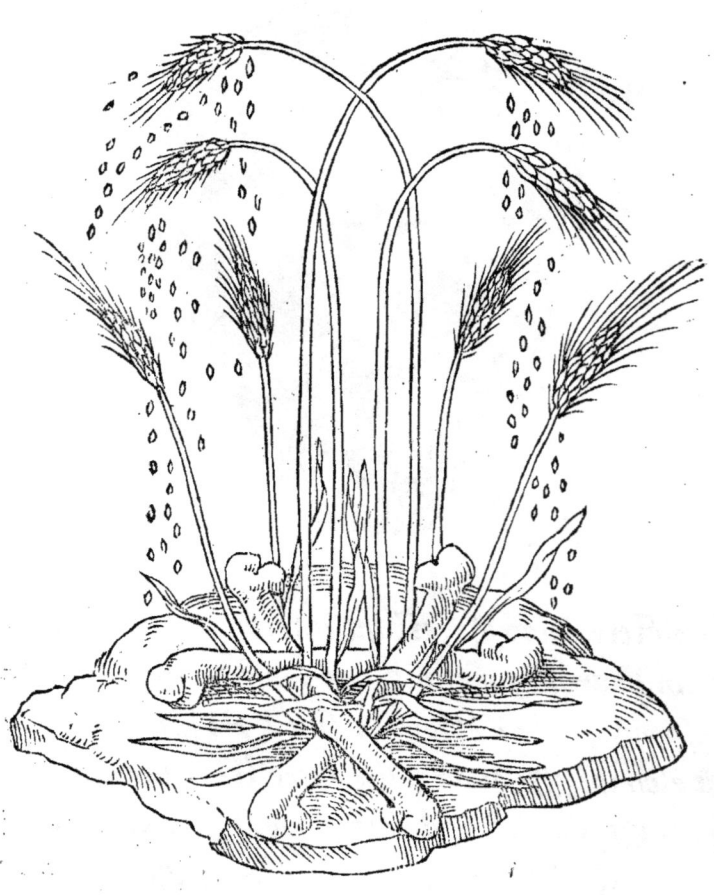

Les graines des Bleds, & autres herbages, semees & mortifiees en terre, se reuerdoient, & prennent nouuel accroissement : aussi les corps humeins tombans par Mort, serõt releuez en gloire, par generale resurreccion.

Priuilege du Roy.

Henry par la grace de Dieu Roy de France, au Preuost de Paris, Baillif d'Orleans, Rouen, Sens, Troye, Forestz, Mascon, Viennois, & des montaignes du Dauphiné, Seneschaux de Lion, Tholose, Valentinois, Prouuence, Forcalquier, & terres adiacentes, & à tous noz autres Iusticiers & Officiers, leurs Lieutenans, & à chacun d'eux salut & dileccion. Nostre bien amé Iean de Tournes, marchand Libraire & Imprimeur de nostre vile de Lion, nous ha fait entendre que cõtinuant le desir & affeccion, qu'il ha de faire proufit à la Republique il auroit recouuert les copies de plusieurs liures, & entre autres, Les Metamorphoses d'Ouide figurees, auec l'exposition des figures par huitains. Vn autre intitulé, Les Deuises Heroïques, auec leur declaration. Plus, L'Astronomie descrite par maitre Iaques Bassentin, Escossois. Vn autre en Italien intitulé, Due breui è facili trattati, il primo d'Arithmetica, l'altro di Geometria del Sig. Gio. Francesco Peuerone di Cuneo. Vn autre intitulé, Epitome operis perquam vtilis morbis curandis. Lesquelz liures il imprimeroit volontiers,

tiers, & pour autāt qu'il est necessaire y faire plusieurs fraiz, il creint que les autres Imprimeurs le vousissent frustrer de son labeur, les faisant pareillement imprimer vendre & distribuer, nous requerant sur ce lui pouruoir. Nous à ces causes de nostre grace especial & autorité Royal auons permis & permettons audit Iean de Tournes de pouuoir imprimer, ou faire imprimer les liures cy dessus specifiez en tel volume que bon lui semblera. Et ce durant le terme de dix ans suiuans & consecutifs, à commencer du iour & date de la premiere impression de chacun desdits liures. Et à fin que le suppliant ne soit frustré de sesdits fraiz. Nous auons inhibé & defendu, inhibons & defendons à tous Libraires & Imprimeurs de ne durant ledit temps & terme imprimer, ou faire imprimer vendre, ou distribuer aucun desdits liures en quelque forme que ce soit, sans le vouloir & consentement dudit suppliant. Et ce sur peine de confiscation desdits liures & d'amende arbitraire. Si vous mandons & tresexpressement enioingnons par ces presentes à un chacun de vous endroit soy & si comme lui appartiendra, que de noz presens, licence, et priuilege, & de tout le contenu en cesdites presentes vous faictes iouir & user le suppliant plainement & paisiblement durant ledit temps, à commencer comme dessus. Cessans & faisans cesser tous troubles & empeschemens au contraire. Voulons en outre qu'en mettant

tant par brief le contenu de ces presentes au commencement, ou à la fin de chacun desdits liures, que cela soit de tel effet, force & vertu, que si elles estoient en leur original signifiees à chacun des Libraires, Imprimeurs, & contreuenans à cesdites presentes. Au vidimus desquelles fait sous seel Royal ou seing de l'un de noz amez & feaux Notaires & Secretaires. Nous voulons foy estre adioustee comme au present original. Mandons & commandons à tous noz Iusticiers, Officiers & subietz, qu'à vous ce faisant soit obey. Donne à saint Germain en Laye, le vingtcinquieme iour du mois de Ianuier, l'an de grace mil cinq cens cinquante six. Et de nostre regne le dixieme.

Par le Roy, vous present.

De Vabres.

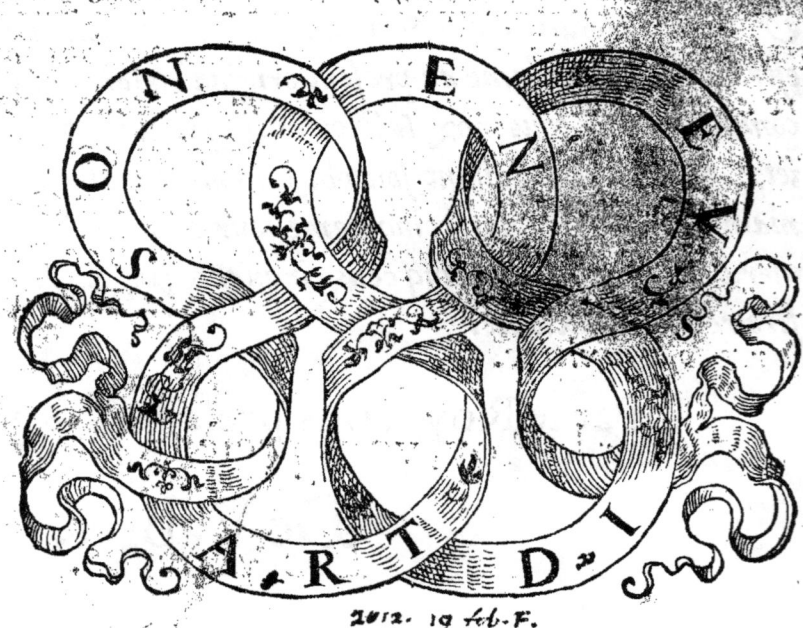